밀알서원 (Wheat Berry Books)은 CLC가 공동으로 운영하는 복음주의 출판사로서 신앙생활과 기독교문화를 위한 설교, 시, 수필, 간증, 선교·경건서적 등을 출판하고 있습니다.

추천사 1

강혜은_방송 작가

'동행'

듣기만 하여도 얼마나 흐뭇해지고 위로가 되는 말인가?

그런데 이 따듯한 언어에 '수학'이라는 단어가 따라붙었다. 『수학으로 동행하기』라는 제목에서 적지 않은 이질감을 느꼈다. 소위 '수포자'(수학 포기자)였던 나에게 수학은 언제나 뾰족하고 차갑고 고통을 주는 존재였기 때문이다.

그러나 이 책을 읽어 내려가면서 수학을 매개체로 아이들의 삶에, 마음에 사랑을 품고 다가가 동행하기를 자처하는 따듯한 수학 선생님을 만날 수 있었다. '나도 이수영 선생님과 같은 스승을 만났다면 결코 수포자가 되지 않았을 거라는 핑계를 대어 보아도 괜찮지 않을까?' 하며 혼자 피식 웃어 본다.

본서 『수학으로 동행하기』가 이 땅의 아이들과 부모들의 가슴을 뭉클하게 데워 주어서 오래도록 그윽한 향기로 남아 있기를 진심으로 기도한다.

추천사 2

김영경 _문학 강사

  블로그 이웃으로 처음 알게 된 이수영 선생님은 남다른 이력을 가진 분이다. 서울대 출신에 영어로 성경을 가르치는 분, 거기다 수학학원 원장, 게다가 상담학 전공자이기도 해서 속으로 '와, 다 가진 분이네!' 싶었다. 호기심에 선생님의 글을 읽기 시작했다.

  그의 첫 책 『수학으로 힐링하기』가 수학 용어들을 이수영 선생님만의 방식으로 따뜻하고 재밌게 풀어냈다면, 그의 두 번째 책인 『수학으로 동행하기』는 삶을 대하는 태도, 솔직함의 힘, 다시 일어섬의 순간으로 큰 감동을 주었다. 그야말로 '동행하기'였다.

  저자 이수영 선생님은 자신의 실패담을 아이들과 나누고, 자신의 경험 섞인 위로를 주며, 다시 해 보자며 함께 일어난다. 상담을 전공한 저자를 통해 아이들의 마음을 읽어 내는 수준급 대화 스킬도 엿볼 수 있었다. 나 역시 상담자로서, 부모로서 갈팡질팡 중심을 잡지 못하던 때, 불안감이 쌓여 있던 내 마음에 이 책은 큰 용기를 주었다.

추천사 3

김 성 희 _정철영어성경학교 교사

상담가이며 수학자인 저자의 독특한 시각은, 수학으로 상처받은 아이들을 존재의 존귀함으로 바라보며 예리한 통찰력으로 학생들 인생의 방향을 잡아주고 있다. 학생과 학부모, 선생님들 모두 함께 읽으며 수학과의 동행을 경험해 보시길 추천드린다.

수학으로 동행하기

Accompanying a Math Failure
Written by SuYoung Lee
All rights reserved.
Korean Edition Copyright ⓒ 2019 by Wheat Berry Books, Seoul, Korea

수학으로 동행하기

2019년 3월 8일 초판 발행

지은이		이수영
편집		곽진수, 임주원
디자인		전지혜
펴낸곳		도서출판 밀알서원
등록		제21-44호(1988. 8. 12)
주소		서울특별시 서초구 방배로 68
전화		02-586-8761~3(본사) 031-942-8761(영업부)
팩스		02-523-0131(본사) 031-942-8763(영업부)
이메일		clckor@gmail.com
홈페이지		www.clcbook.com
송금계좌		기업은행 073-000308-04-020 (사)기독교문서선교회

ISBN 978-89-7135-098-0 (03190)

이 도서의 국립중앙도서관 출판예정도서목록(CIP)은
서지정보유통지원시스템 홈페이지(http://seoji.nl.go.kr)와 국가자료공동목록시스템(http://www.nl.go.kr/kolisnet)에서 이용하실 수 있습니다.(CIP제어번호: CIP2019003445)
이 책의 저작권은 저자와 도서출판 밀알서원이 소유합니다. 신저작권법에 의하여 한국 내에서 보호받는 저작물이므로 무단 전재와 무단 복제를 금합니다.

수학으로 동행하기

이 수 영 지음

WBB

목차

추천사

강 혜 은_방송 작가 / **김 영 경**_문학 강사 / **김 성 희**_정철영어성경학교 교사

프롤로그   12

수학학원   17

오늘도 수학
- 1. 오늘도 수학   19
- 2. 시험 때문에 잃는 것   22
- 3. 실상과 허상   25
- 4. 평가에 예민함   27
- 5. 진학이 목표   30

두 수포자
- 6. 전 이미 늦었어요   34
- 7. 하나도 모르겠어요   37
- 8. 수학 책 덮자   39
- 9. 답답했겠네   42
- 10. 괴롭겠다   45
- 11. 동행 일기(1)   48

세 개의 숙제

너는 누구니?
- 1. 너 계산 빠르던데? ... 55
- 2. 선택을 네가 해봐 ... 58
- 3. 쌤, 콜라 드세요 ... 61
- 4. 너만의 공부법 ... 64
- 5. 주어가 뭐니? ... 67
- 6. 우와, 대단한 걸? ... 69
- 7. 이건 나도 모르겠는데? ... 72
- 8. 쌤, 저 좀 늦어요 ... 75
- 9. 동행 일기(2) ... 78

부모님과는 어때?
- 10. 엄마 100% ... 81
- 11. 엄마한테 물어보세요 ... 84
- 12. 부모의 행복 ... 87
- 13. 부모가 바라는 것 ... 90
- 14. 감정형 부모 vs 논리형 부모 ... 93
- 15. 부모도 사람이다 ... 97
- 16. 부모의 어릴 적 꿈 ... 100
- 17. 동행 일기(3) ... 103

너의 꿈이 뭐니?
- 18. 진학하면 끝? ... 107
- 19. 정보는 힘? ... 110
- 20. 진짜 스펙 ... 113
- 21. 진로는 평생의 과정 ... 116
- 22. 흥미 = 진로? ... 119
- 23. 목표 중심 vs 과정 중심 ... 122
- 24. 꿈을 말해 보기 ... 125
- 25. 의사결정 배우기 ... 128
- 26. 참된 직업 ... 131

같이 걷기

다시 시작
1. 시작과 저항 — 137
2. 아는 것부터 출발 — 140
3. 계획을 세운다는 것 — 143
4. 공감과 위로 — 145
5. 상황을 해석하는 힘 — 148
6. 이제 좀 알 것 같아요 — 151

힘차게 날아 봐
7. 결국 겪을 일이야 — 154
8. 도전이 도전이다 — 157
9. 자신을 뛰어넘어 봐 — 160
10. 최선을 다해 봐 — 163
11. 결과에 정직하자 — 166
12. 무엇이 된다는 것 — 168
13. 동행 일기(4) — 171

~에게 175

학생들에게
1. 내가 가진 것으로 177
2. 긍정의 언어 180
3. 우리는 하나님의 작품 183
4. 권위에의 순종 186
5. 예배로 승리해 보기 189
6. '잘못했어요' 고백하기 192
7. 책임지는 용기 195
8. 나 하나부터 198
9. 지금 그 자리 201

학부모들께
10. 예수님도 못하신다 206
11. 개천에서 용 날까? 209
12. 포도주가 떨어진지라 212
13. 아버지의 역할 215
14. 서로 사랑하세요 218
15. 정직한 처벌 220
16. 돕는 배필 223
17. 성읍이 떠들어도 225

선생님들께
18. 나를 먼저 수용해 주세요 230
19. 예수님께 청구하세요 233
20. 사랑 없으면 236
21. 자라게 하시는 이는 하나님뿐 238
22. 도끼에 찍힌 향나무 240
23. 배우며 가르치며 243

에필로그: 동행일기(5) 245

프롤로그

   수학학원 원장이 되었다. 나는 아이들과 소통하고 싶었다. 그 도구가 바로 수학이었다. 수학은 하나의 끈이자 도구이다. 아이들은 수학 공부가 필요해서 학원을 찾아온다. 성적을 올리고 싶어 학원을 찾아온다. 나는 수학의 지식과 문제 푸는 법 등을 제공해 준다.
   아이들이 비록 처음에는 수학이라는 과목, 정확히 이야기하면 수학 성적을 올리기 위함이지만, 그러한 아이들의 이면에는 수학을 넘어선 존재적인 이슈들을 가지고 있다. 또한, 아이들에게 좀 더 가까이 다가갈수록 그들의 수학 성적을 넘어서 자신의 정체성의 문제, 부모와의 관계, 미래에 대한 불안 등의 청소년이라면 누구든지 겪어야 하는 이슈들을 가지고 있다는 것을 알게 되었다.
   수학은 어떤 아이에게는 연산의 도구로 여겨지고, 어떤 아이에게는 부모로부터 인정을 받는 측정값으로, 어떤 아이에게는 자신의 미래를 좌우하는 것으로 여겨진다. 물론 대부분 이러한 것들이 점철되어 혼합되어 있다.
   수학은 노력하면 성적이 오르기도 하는 과목이고, 한편으로는 노력해도 도달할 수 없는 좌절의 과목이기도 하다. 수학을 잘하면 주변으로부터 칭찬과 인정을 받기도 하며, 못하면 주변의 사랑을 받지 못하는 두려운 요소이기도 하다. 수학을 잘함으로써 나의 미래가 보장받고 좀 더 나은 기회를 얻는다는 기대가 있는 반면, 그렇지 못할까 하는 걱정과 염려도 있다.

현재 교육은 아이들에 대해서 여러 가지 이슈들을 나열한다. 그리고 해결 가능하며 단기간에 구체적인 성과를 보이는 것들은 앞에 놓고, 가시적이지 않거나 해결 기준이 모호한 것을 뒤에 놓는다. 짧은 기간에 결과를 보여 줘야 하기에 지난번 시험점수를 체크하고, 목표점수를 확인하며, 현재 실력을 체크하여 목표에 이르기 위한 계획하기와 실행하기를 반복한다. 이러한 교육 방법은 이미 기존의 교육기관들이 나보다는 훨씬 더 월등한 것 같다.

나는 시간이 오래 걸리고, 보이지 않지만, 본질적이며 해결 불가능해 보이는 것에 접근하고 싶었다. 아이가 마음의 힘이 생겼다거나, 자신이 원하는 것을 소리 내어 말했다거나, 아이가 자신감이 생겼다거나 등이다. 그리고 그러한 것은 객관적으로 측정되지는 않지만, 나와 아이 사이에서 분명히 존재하는 것이다.

나 역시 마흔이라는 나이에 상담이라는 새로운 공부를 대학원을 통해 시작하고 있었다. 그래서 가르치는 입장과 책상에 앉아 수업을 듣고 시험을 보는 입장을 이해할 수 있었다. 새로운 분야의 막연함을 경험했으나 많은 사람으로부터 격려와 지지를 받기도 했고, 시험이 끝나면 답이 무언지를 찾아보며 일희일비하기도 했으며, 졸업 후의 미래와 진로에 대해 고민하기도 했다. 이러한 과정을 겪는 이들과 동행하는 마음으로 글을 완성하였다.

수학을 통해서 학생의 자세로,
수학을 통해서 부모의 마음으로,
수학을 통해서 선생님의 자리에서

교육현장을 이야기해 보고 싶었고,
특히나 믿음을 가진 학생과 부모님 그리고 선생님들이
함께 느끼고 경험하며 공감하는 글이기를 바란다.

2018년 11월

※ 책에 실린 학생의 이름은 가명이며 신상정보 및 장소 등은 글의 내용에 맞게 수정되었음을 알립니다.

수포자

1. 수학을 포기한 사람을 뜻함
2. 수포자 '수학을 포기한 사람'이라는 뜻의 신조어

- 네이버 국어 오픈사전

상담자

상담자는 <동행자>이며 <격려자>의 역할을 하는 <성장하는 개인>이다

- 이혜성,『내 삶의 네 기둥』, 136

수학학원

- 오늘도 수학
- 두 수포자

오늘도 수학

1.

오늘도 수학

이 시간에도 대한민국의 많은 학생들이 수학을 공부하고 있다. 아니, 나의 두 아이도 수학을 공부하고 있다. 중학생인 큰 아이는 문제집을 풀고 있고, 지난번 두 자리 수 곱셈을 몇 개 틀려 온 둘째 아이는 계산법 문제집을 풀기 시작했다.

나도 수학을 공부했다. 수학을 잘한다는 평가를 받고 공대에 진학했다. 공대를 졸업하고 기술계통의 직장을 다녔다. 우연한 기회에 수학학원 원장을 하게 되었고, 중·고등학교 아이들에게 수학을 가르치는 일을 하고 있다.

이 시간에도 수학을 공부하는 아이들을 바라보며, 그리고 수학을 공부시키도록 하는 현재 나의 모습을 보면서, 수학을 공부하는 아이들이 결국 패배자라는 낙인을 향해 달려간다는 느낌을 지울 수 없다.

대한민국에서 수학을 잘한다는 평가를 들으려면 주어진 문제를 주어진 시간에 더 많이, 더 빨리, 더 정확하게 풀어야 한다. 학교 수학시험 시간의 모습을 보면 긴장 그 자체이다. 그러나 중학교와 고등학교에 학년이 올라갈수록 오히려 긴장이 덜하다. 시험지를 받자마자 자는 아이들이 있고, 10분 정도 지나면 반수 이상이 엎드린다. 포기한 것이다.

학생 입장에서 수학을 포기할 수 없는 가장 큰 이유는 진학이 걸려 있기 때문이다. 수학을 포기한다는 것은 진학을 포기하는 것과 같기에 큰 모험이자 도전이다. 수학을 잘하는 것이 안전하다. 그러다 보니 선뜻 포기하기도 어렵고, 섣불리 뛰어들기도 어렵다. 고등학교 이과를 기준으로 일주일에 수학을 6시간 혹은 7시간을 배운다. 수학을 포기한다는 것은 일주일에 6시간 혹은 7시간의 수업을 듣지 않는다는 것을 의미한다.

학생들만 고통스러운 것은 아니다. 이를 가르치는 수학 선생님들도 고통스럽기는 마찬가지이다. 들으려 하지 않는 학생들에게 수업을 해야 하기 때문이다.

하루는 상담자 내담자 경험을 위하여 재미있는 실험을 했다. 두 사람이 서로 마주 보는데 한 사람이 이야기를 할 때, 상대방은 눈을 마주치지 않고 딴짓을 하는 것이다. 즉 경청하는 태도를 취하지 않는 것이다. 그러자 말을 하는 사람이 다른 소리를 하거나, 엉뚱한 소리를 하거나, 말이 끊기는 등의 반응을 보이기 시작했다. 그만큼 경청하는 사람의 태도에 따라서 말하는 사람의 능력이 발휘되기도 했다.

선생님들은 수학을 대하는 학생들의 태도를 보면서 힘을 얻기도 하고 좌절하기도 한다. 수학시간에 엎드려 자는 아이들도 있고, 이미 학원에서 다 배운 아이들은 지루해 하면서 수업을 듣기고 한다. 어디에 눈높이와 모양을 맞추어도 힘이 빠지는 모양새이다.

부모 입장에서는 어떤가?

부모는 자신의 아이가 수학을 잘하도록 만들기 위해서, 혹시라도 뒤처지지 않도록 하기 위해서 열심히 노력한다. 아이가 수학을 잘하면 논리적이고 똑똑하며 리더십을 발휘할 수 있는 기회가 많게 된다.

또한 상급학교로 진학할 때 경쟁을 뚫고 갈 가능성이 높아진다. 이를 통해서 선택받은 일종의 프리미엄을 누릴 수 있다.

반대로 아이가 수학을 잘하지 못하면, 그 아이의 학습 전체가 그렇게 여겨질 수 있고, 부모가 의무를 다하지 못했다고 여겨질 수도 있으며, 부모의 능력이 의심받을 수도 있다. 또한 부모는 자신의 아이가 진학에 있어서 경쟁을 뚫고 누군가보다 뛰어나다는 평가를 받을 가능성이 희박해진다는 생각을 하게 되어, 결국에는 가뜩이나 불안한 미래에 대해서 더 불안감을 갖게 될 수 있다. 이런 것이 오늘날 우리의 수학일 것이다.

2.

시험 때문에 잃는 것

　패배란 고통스럽다. 인간은 고통스러우면 이유를 찾는다. 그 이유를 찾아서 다시는 패배하거나 실패하지 않도록 수정하는 과정을 거침으로써 학습을 한다. 사람은 고통스러울 때 그 이유를 알면, 고통을 감내하는 힘이 커진다.
　아이를 키우는 엄마를 가끔 본다. 한 아이가 걷다가 무언가에 걸려 넘어졌다. 엄마는 방바닥을 때리며 '때찌'를 했다. 자신을 걸리게 한 장애물을 야단을 쳐서 달래는 일종의 심리적 전이 방법인 것 같다.
　수학을 공부할 때 수학의 패배자가 될 수밖에 없음을 암묵적으로 다 알고 있다. 그럼에도 승리를 위하여 고통스러운 공부를 시작하고 그 안에 뛰어들게 된다. 왜냐하면 수학을 하지 않아서 감내해야 하는 고통이 더 크기 때문이다. 수학공부를 하지 않는다는 것은 안전지대에서 벗어나는 큰 도전이자 모험임을 아이들은 잘 알고 있다. 그래서 자신의 실패에 대해서 폭탄 돌리기를 한다. 어차피 패배하는 게임에서 누구 탓을 해야만 면피가 될 수 있기 때문이다.

개인이든 조직이든 위기를 만나면 더 열심히 일한다는 논문 결과도 있듯이 학생들의 열심을 내기 위해서는 위기를 조장하면 된다. 흠이 잡히면 안 된다. 나와 같은 학원 선생님들은 떠나는 아이들이나 부모로부터 흠 잡히지 않기 위해서라도 더 열심히 가르친다. 숙제도 많이 내준다. 가장 좋은 것은 스스로 떠나도록 적당한 기술을 부리는 것이다. 가장 확실한 방법은 감당하기 어려운 숙제를 많이 내주면 된다. 학원이 빡세고 힘들어서 그만둔다는 이야기를 한다면 금상첨화이다. 아이의 상처가 마케팅이 도구가 된다.

부모도 나름대로 방어권이 있다. 그들은 돈을 쥐고 있다. 동네에 널린 것이 학원이다 보니 학원을 보내지 않으면 그만이다. 그리고 못 가르친다고 이야기하면 된다. 혹은 시험 결과라는 확실한 증거를 내밀고 옮기면 된다. 자신의 아이가 이렇게 된 것은 그 학원의 잘못이라고 이야기하면 간단히 해결이 된다.

아이들의 무기는 무엇일까?

사실, 아이들이 가장 불쌍하다. 패배자가 되는 게임에 타의로 들어오게 된다. 그중에 승리자가 되면 승자의 월계관을 쓰겠지만, 승자에게는 마치 토너먼트처럼 또 다른 시합이 기다리고 있다.

아이들의 입장에서는 시험이 참으로 부담된다. 그동안 자신이 맺어 왔던 혹은 의지했던 관계들이 있다. 시험이라는 과정과 준비 기간 동안 맺은 친구들과의 관계, 부모님과의 관계, 그리고 선생님(학원 포함)과의 관계이다.

자신의 시험 결과로 인하여 만족스러운 결과(대한민국에서 시험 결과만큼이나 많은 것을 돌려받는 것도 드물 것이다. 장원급제를 하면 그의 집안과 모든 삶이 탄탄대로가 되었던 것처럼)를 받으면 자기 자신의 위상이 높아지고, 친구들로부터 인정과 질투를 받으며, 부모님으로부터는 효자라는 이름까지 얻고, 선생님(학원 포함)에게는 칭찬을 받을 수 있다.

반대로 시험을 잘 보지 못하면, 잃는 것이 많다. 자존감을 잃는다. 시험을 통해 얻은 자존감은 시험을 통해 다시 잃어버리게 된다. 친구들로부터 힘을 잃기도 한다. 고생하시는 부모님에게 돌려드릴 것이 없다고 생각한다. 심지어는 선생님(학원 포함)에게 걱정을 끼친다고 생각하여 학원을 옮기거나 과외를 그만 두는 과정을 통해서 관계의 단절을 경험하기도 한다.

히버드대학교의 론 하이페츠(Ron Heifetz)는 말하기를, 리더십이란 사람들을 실망시키되 그들이 감당할 수 있을 정도로만 실망시키는 기술이라 했다. 원장으로서 리더십을 발휘해야 한다. 학부모들을 실망시키되 그들이 감당할 수 있을 정도로만 실망시키는 기술을 발휘해야 한다. 아이들을 실망시키되 그들이 감당할 수 있을 정도로만 실망시켜야 한다.

결국 수학을 공부한다는 것은 실패자의 터널로 가는 길이며, 이것을 그들이 감당할 수 있을 정도로만 실망시켜야 한다는 생각을 지울 수 없다.

3.
실상과 허상

 어느 수학 선생님 모임이었다. 한 선생님은 그 학교에서 수학기계로 통했다. 학생들로부터 실력 있다고 인정받는 선생님이셨다. 자신은 모든 공식을 다 암기하고 학생들이 물어보는 모든 문제를 기가 막히게 푼다고 했다. 이를 위해서 EBS 등 기타 인강(인터넷 강의) 수업을 모두 본다고 했다. 이 모든 이야기를 듣던 한 선생님이 말했다.
 "힘드시겠어요."
 이 말을 들은 선생님은 말끝을 흐리시며 울먹거리기 시작했다. 그동안 우수한 학생들 앞에서 주눅 들지 않기 위해서, 그리고 시중 학원 선생님보다 못한다는 소리를 듣지 않기 위해서, 그리고 실제로 그런 평판을 얻어 본 경험이 있었기에, 자신이 절대로 그들보다 못하게 보이지 않기 위해서 피나는 노력을 한다고 했다.
 신OO, 우OO, 한OO, 정OO. 이들은 지금도 이름이 오르내리는 유명한 수학 인강 강사이다. 수학을 배우는 학생들이라면 누구나 한 번쯤은 이름이나 강의를 들어봤을 법한 유명한 사람들이다. 인강을 통해 그 사람들의 강의와 풀이를 보고 있자면 그저 대단하다는 생각이 우러난다. 그리고 그들의 이름으로 출판된 문제집의 풀이를 보고 있으면 무언가 신기에 가까운 감탄밖에 나오지 않는다.

나는 우연히 인강을 촬영할 기회가 있었다. 인강을 위해서 옷도 골라 입고, 머리도 손질한다. 그리고 오늘 강의해야 할 문제를 미리 풀어 보고 가는 것은 기본이다. 그리고 무슨 멘트를 할지 미리 정리한다.

인강 촬영에 들어간다. 밝은 표정으로 인사를 하고, 수학적인 설명을 시작한다. 나 같은 경우는 대본을 미리 쓰지는 않지만, 대본을 미리 쓰고 준비하는 경우도 있다. 물론 중간에 NG를 내기도 한다. 그렇다면 전에 하던 곳에서 다시 촬영을 하여 편집을 한다. 또한 촬영하는 가운데 말이 꼬이거나 잘못 나올 때를 대비하여 대본의 일부를 칠판 밑에 보이지 않는 곳에 놓기도 한다.

혹시 우리 아이들이 수학을 공부하면서 혹시 그런 수학강사가 내는 문제의 아름다움과 그가 설명하는 논리의 깔끔함과 그의 군더더기 없는 몸짓을 동경하는 건 아닌지.

우리의 아이들은 그 수학강사가 평생 수학을 전공한 수십 명의 석학들이 며칠 밤을 공들여 만든 문제를 거침없이 풀어 대듯이 자신의 삶의 문제들을 모두 풀 것이라는 환상을 갖고 지금도 노력하는 것은 아닌지.

혹은 그러한 존재가 되지 못한다는 사실에 벌써 좌절한 것은 아닌지.

자기 자신이 허구의 이미지가 되지 못한다는 사실 때문에 자신의 존재마저 부정하는 것은 아닌지.

4.

평가에 예민함

　차를 타고 길을 지나다 보면 학원에서 걸린 합격자 명단을 볼 때가 있다. 물론 합격이라는 단어가 짜릿하고 감동적이며, 무척 흐뭇하다. 반대로 불합격이나 탈락이라는 단어는 피하고 싶고 감추고 싶다. 그래, 맞다. 합격과 불합격이 우리에게 자동적으로 주는 느낌이나 생각을 부인할 수 없다.
　대학원 수업을 받던 어느 날 오후 수업이 내겐 너무 졸렸다. 나는 그날 점심시간을 이용하여 동아리 활동을 하고, 급히 김밥을 먹고 내려온 터라 무척 졸음이 쏟아졌다. 수업시간 내내 졸았던 것 같다. 수업을 하시던 교수님은 모든 학생들에게 다음 주 과제를 내주시면서 발표를 하라고 하셨다. 그러면서 끝 말씀이 "발표는 이수영 선생님이 먼저 해 주세요."라고 공언하시고 서둘러 교실을 나가셨다.
　곧 학교 강의실이 웅성거렸다. 수업시간 내내 졸았던 나 자신이 부끄러웠고(교수님은 나에게 아무 말도 하지 않으셨지만), 강의실 내에 흐르는 분위기가 '이수영 선생님이 교수님에게 찍혔다'라는 것이었다. 어느 학생은 나에게 직접 와서 상냥하고 친절하게 '교수님이 강의시간에 졸고 있는 수영 선생님을 계속 흘끔흘끔 보셨어요'라며 알려 주고 가셨다. 나는 내가 졸았고, 그래서 교수님이 나를 흘끔흘끔 보셨고, 이로 인해서 교수님의 마음이 불편하게 했다는 사실로 인해 발표를 준비하는 2주 동안 피가 마르는 경험을 했다.

2주 후, 발표시간에 앞서 나는 이러한 나의 불안함을 이야기했다 (아마도 상담을 전공하는 전공자들의 수업이기에 가능한 일이었는지도 모르겠다). 그러자 교수님은 이 모든 일을 들으시고는 깜짝 놀라면서 한마디 하셨다. "다 크신, 성인인 선생님들 여러분들이 이렇게 다른 이의 평가에 여전히 민감하신 줄은 몰랐다"고 말씀하셨다. 그리고는 "이러한 것을 고려하여 앞으로는 제가 조심하겠다"고 말씀하셨다. 나는 교수님의 이야기를 통해서 우리들이 자신에 대한 평가에 민감하고 집착한다는 사실을 깨닫게 되었다. 또한 그 민감함과 집착함이 나 자신에 대해서 잘 모르게 하고, 그것을 경험할 기회를 차단하는 상황임을 생각해 보았다.

아이들이 수학 점수를 받아온다. 수학 점수를 받아 오면 첫 번째로 아이 자체에 대한 평가가 나온다. 공부를 열심히 했네, 안 했네 등등. 그리고 부모에 대한 평가가 나온다. 공부를 열심히 시켰네, 안 시켰네 등등. 또한 학원이나 선생님에 대한 평가가 나온다. 아이에게 공부를 열심히 시켰네, 안 시켰네 등등. 시험 점수에 의하여 변화를 겪는다. 긍정적인 변화가 있을 수 있고, 부정적인 변화도 있을 수 있다. 선생님과 부모로부터 칭찬을 들을 수도 있고, 반대인 경우도 있을 수 있다.

그러나 아이들은 학년이 올라갈수록 자신이 실패자라고 여기게 된다. 스카이(S.K.Y.)를 꿈꾸었던 아이들은 점점 인서울 혹은 4년제 기타 등으로 내몰리게 된다. 이러한 심리적인 실패감은 자기 존재에 대한 실패감으로 연결되기도 한다.

'어차피 나는 안 돼'라는 좌절감으로 생활하는 것은 아이들이 받아들이기에는 무척 힘든 경험이다. 그 과정에 다른 이의 평가에 의하여 자신의 존재가 정의되기도 한다.

우리는 다른 이의 평가에 예민하고 그것을 그냥 받아들인다. 게다가 여러 매체들이 승자의 기쁜 모습을 보여 주거나, 패배자들의 슬픈 모습들을 자극적으로 노출시킨다.

5.

진학이 목표

2015년 기준 통계를 보면 전국의 중학교 숫자가 약 3,200여 개이고 고등학교는 약 2,300여 개이다. 한번 가정해 보자. 중학교 때 반에서 1등을 하는 아이의 부모라면, 조금 더 특별한 고등학교에 진학시키려는 생각을 할 것이다. 설령 그 아이의 부모가 그렇게 하지 않는다 하더라도 주변에서 권유할 것이다.

만약 반에서 2등이라면? 3등이라면?

그렇게 등수에 따라 학교를 정하며 그것이 목표가 된다.

좋다. 그렇게 고등학교를 진학시켰다고 가정하자.

그 이후에는 무엇을 목표로 하는가?

학생에게는 좀 더 높은 목표가 주어질 것이며 그것을 위하여 온 가족이 노력한다. 사회도 암묵적으로 그것을 위해 노력한다.

그러다 보니 '나는 어느 학교 다녀'라는 것이 자신의 정체성이 되어 버리고, 자신이 원하는 학교에 들어가지 못한 경우에는 인지부조화나 불편한 침묵을 유발하는 상황이 되어 버린다.

고등학생은 대학 입학을 목표로 삼는다. 모든 것이 대학으로 환산된다. 대학으로 모든 것이 평가된다. 더 심각한 문제는 공부를 잘한다는, 소위 성적이 좋은 학생들이 가지고 있는 여러 가지의 성장의 기회가 제한되는 것이다. 『수학으로 힐링하기』의 추천의 글에서 교육학 박사 이혜성 총장은 "학과목 성적으로 인격 전체가 평가 되는 세대, 특히 영어, 수학, 국어 등 중요 과목의 점수에 의해서 모든 것을 용서받거나, 아무것도 용서받지 못하는 조직 속에 살고 있는 현대 우리나라의 청소년"이라고 말했다.

나는 취업준비생 청년들을 멘토링을 할 기회가 있었다. 그런데 대학교를 졸업한 청년들을 만나면서 알게 된 놀라운 사실은 그들 스스로가 중·고등학교 때의 생각 패턴과 그리 다르지 않은 것이다. 먼저 그들이 가야 할 혹은 가고 싶은 직장을 목표로 정한다. 그리고는 그 직장에 들어가기 위해서 정보를 찾는다. 인터넷을 통하여 시험정보를 얻거나, 간혹 그곳에 입사한 선배들의 경험담을 듣는다. 하지만 선배들도 그리 도움이 되지는 못한다. 선배들도 그 직장을 나오려고 고민 중인 사람들이 많기 때문이다. 회사의 장점을 설명하면서 자신이 겪은 어려움을 덩달아 들려준다. 정작 그 회사를 지원하고 싶은 지원자들은 그 이야기를 듣고는 더 고심하며 어려움을 느낀다.

하지만 이것도 청년 그들만의 특징이나 문제만은 아닌 것 같다. 지금 살고 있는 현대인들이 자신을 잃어버리고 산다 해도 과언이 아니다. 아니, 나 스스로도 사회가 부여하는 역할에 나 자신을 맞추기 위해 부단히 노력하고 있다.

직장 내에서 부서 이동을 한 적이 있었다. 그러나 새로 이동한 부서에서의 나에 대한 평가는 냉혹했다. 나의 업무전달력은 부정확했으며, 확신이 없었고, 프리젠테이션 때는 손모양이 가지런하지 못했으며, 목소리는 가늘게 떨리기까지 했다. 고객이 나를 신뢰하지 못하는 상황이었다. 그런 나의 모습을 본 나의 매니저는 나를 연극배우 출신으로서 프리젠테이션을 교육하시는 분에게 보내 배우게 했으나, 나의 단점은 고쳐지지 않았다. 나는 한때 '나 자신이 불량품이구나'라는 생각을 갖게 했다.

지금의 중·고등학생들은 학교에서 학과목 이외에 다양한 경험을 요구받고 있다. 실제로 다양한 경험을 하고 있는 듯하다. 토론식 수업, 발표 수업, 현장 체험, 수행 평가 등을 통해서 지필고사의 한계를 넘어서는 많은 시도를 하는 것은 매우 긍정적으로 여겨진다.

그럼에도 불구하고 이 모든 것은 어떤 목표를 지향한다는 점에서 결국은 진학을 통해서 성공과 실패를 구분 짓는 과정임을 부인할 수는 없다.

두 수포자

6.

전 이미 늦었어요

 엄마 손에 이끌려 한 아이가 왔다. 이름은 기현이. 고등학교 2학년. 몸에서는 담배 냄새가 심하게 났다. 엄마와 함께 온 아이는 아무 말 없이 엄마 옆에 앉았다. 엄마는 이 아이가 어떻게 살았는지 한참을 이야기해 주었다. 그동안 아이는 아무 말도 없이 무표정하게 있었다. 나는 엄마와의 상담을 마친 후 아이와 단둘이 앉았다. 나는 아이에게 물었다.
 "그동안 답답했겠네."
 아이는 아무 말이 없었다.
 이 아이와 수업을 진행했다. 수학을 포기했다고 했는데, 문자와 식, 그리고 인수분해 등을 곧잘 했다. 그러나 그 이후의 과정은 전혀 모르고 있었다. 점좌 좌표에서 좌표의 점을 찍는 방법도 알지 못했다. 나는 연산문제를 풀어 온 아이의 결과를 보고 말했다.
 "너 계산 되게 잘하는구나?"
 아이는 나의 칭찬에 별 표정의 변화가 없었다. 그러기도 한 것이 이 아이는 감정의 표현에 대해서는 무척 어색해 했다. 말도 별로 없었다.

6. 전 이미 늦었어요

 상담 중에 엄마는 울음을 터뜨리면서까지 힘들었던 이야기를 하는데, 이 아이는 그동안 아무 표정의 변화가 없었다.
 "너 나랑 수학 좀 해볼래?"
 아이는 고개를 끄덕였다.
 하지만 수학을 같이 하겠다는 아이는 지각과 결석을 반복했다. 엄마는 마음을 잡지 못한다며 초조해하고 계셨다. 어떤 날은 학원 갈 시간에 잠을 자고 있는 것을 엄마가 발견하고는 나태한 아이에게 잔소리를 했다. 아이는 엄마의 잔소리에 밖으로 나가 버렸다.
 하루는 내 앞에 매직머리를 하고 나타났다. 나에게 보여 주기 싫은지 모자를 썼다. 아이가 말하기를, "아무 생각 없이 한번 했는데, 하고 나니까 도저히 안 되겠다 싶어서 오늘 다시 풀 거예요"라고 했다. 아이는 머리를 하고 다시 푸는 것이 돈을 이중으로 쓰는 거라 아까워했다.
 아이는 자신이 중학교 3학년 때부터 지금까지 공부하지 않은 것을 후회하고 있었다. 해 봤자 안될 것 같은 좌절감으로, 이미 저만치 앞서가는 친구들처럼 될 수 없다는 실망감으로 말이다. 아이는 엄마로부터 게으르다는 평가를 받았고 의지가 약하다는 평가를 들었다.
 아이는 자기 자신의 성적을 바닥이라고 이야기했다. 아이가 나에게 성적표를 갖다주지 않아서 객관적으로 이야기할 수는 없었다. 아마도 자기 자신을 보여 주는 것이 두려웠을 것이다. 아니, 보이기 싫었을 것이고, 보고 싶지 않았을 것이다. 아이는 중학교 때 자신의 사진을 모두 찢었다고 했다. 자신이 갈 곳은 아무 데도 없을 거라고 말했다.
 아이는 지금 갈등을 겪고 있을 것이다. 엄마의 잔소리와 자기 자신에 대한 실망을 몸으로 표현할 것이다. 해도 안 된다는 생각들로 바라본 세상은 해도 안 된다는 소식들로 가득찰 것이다. 또한 끝이 없는 목표에 대한 좌절감에 사로잡혔을 것이다. 몸과 마음은 아이를 늘 익숙한 방향으로 끌고 갈 것이다. 혹은 이 더러운 기분을 느끼지 않기 위해서 몸과 마음을 자극에 노출하기도 할 것이다. 그 자극이 없어지면 더 큰 좌절감을 맛보기도 할 것이다.

우리의 미래가 어떻게 펼쳐질지 예상할 수 없다. 그러기에 불안하기도 하고 기대되기도 한다. 그동안 나에게 익숙한 것만 해 왔다면, 익숙하지 않은 방법으로 시도해 볼 수도 있다. 그것이 설령 실패가 되더라도, 시도했다는 것으로 격려할 수 있을 것 같다. 아이에게도 그동안 해오지 않고 피하는 것에 익숙했다면, 익숙하지 않은 것을 한번 해 보는 도전을 하는 것도 필요하다고 생각해 본다.

빛과 어둠은 크기의 문제가 아니다. 촛불을 켜면 어둠은 물러간다. 아이의 마음에 불씨 하나가 들어가면 된다. 누군가 불씨를 켜줄 수 없다. 스스로 켜야 한다.

고치가 나비가 되기 위해서는 허물을 벗어야 한다. 그 과정은 시간이 걸린다. 고통스러워 보인다. 안쓰럽다. 그러나 그것을 외부의 힘이 벗겨 주면 그 애벌레는 날아갈 수 없다. 자신의 힘이 부족하기 때문이다.

아이 스스로 그 불씨를 받아들이고 이를 통해서 자신 내부에 있는 연료가 얼마나 큰지를 발견해야 한다. 아이는 충분히 내면의 갈등을 통해서 저울질할 것이다.

기다려야 한다.

두 수포자

7.

하나도 모르겠어요

또 다른 한 아이가 왔다. 이름은 선빈이. 선빈이는 중학교 때까지는 수학을 꽤 잘했는데, 고등학교 첫 시험을 망치고 나서는 수학을 공부하지 않았다고 했다. 부모님은 선빈이가 수학을 너무 싫어한다면서 걱정하셨다. 이 아이의 심리검사를 해 보니 사람을 좋아하고 사람의 인정을 원하는 아이였다.

선빈이는 고등학교 첫 수학시험을 망친 후로 수학을 어려워하는 정도가 아니라 두려워했다. 나와 이야기를 할 때 나와 눈을 맞추지 않았다. 내가 시키는 것에 언제나 '예~에' 하는 대답을 했다. 나는 그 아이에게 너의 느낌이 무엇인지 알려 달라고 했다. 한참을 망설이더니 "잘 모르겠어요"라고 대답했다. 그의 끝말은 언제나 "~이겠죠?"라고 되물었다.

"제가 불안한 거겠죠?"

"이게 맞는 거겠죠?"

자신의 대답을 존중받지 못한다는 것과 더불어 상대방에 맞추어야 한다는 생각을 많이 경험한 것 같았다.

나는 아이와 수업을 진행했다. 수업 중 나의 질문에 대답하지 않았다. 조금씩 아는 것에 대해서 대답했다. 그러다가 한 번은 아이가 틀린 대답을 했다. 아이의 표정이 일그러지더니 그 이후로는 나의 질문에 전혀 대답하지 않았다. 나는 수업을 멈추고 아이에게 이야기했다.

"아까 등차수열의 공차를 3인데 2라고 대답했을 때 ….''

"네.''

"그때 기분이 어땠니?''

한참을 망설이더니 대답했다.

"잘 모르겠어요.''

"그랬구나.''

나는 이어서 이야기했다.

"만약 내가 너였더라면 창피하고, 부끄럽고, 선생님이 나를 어떻게 생각할까 걱정했을 것 같아.''

아이는 고개를 끄덕였다.

수업시간에 아이는 끊임없이 손톱을 뜯고 있었다. 그리고 눈을 제대로 맞추지 못했다. 그러다가 눈을 나와 마주치면 모르는 내용임에도 불구하고 모른다는 티를 내지 않으려고 노력했다.

"수업할 때 네 눈빛을 봤는데.''

"네.''

"몇 번 다른 곳을 쳐다보더라고. 혹시 무슨 이유인지 기억나니?''

"수업을 하나도 모르겠어요.''

"그렇구나.''

이 아이에게는 수학 이전에 자신에 대한 확신을 심어 주어야 했다.

두 수포자

8.

수학 책 덮자

    선빈이가 들어온다. 나와 선빈이는 책상에 기역자로 앉았다. 마주 보면 아이가 눈을 피할 곳이 없기 때문이다. 돌아보니 이 아이가 학원의 좁은 복도에서 핸드폰으로 게임을 하는 것을 본 적이 있었다. 난 그 모습을 보고 잠시 불편한 마음이 들었다. 적어도 다른 아이들이 지나가는 복도에서는 게임을 덜했으면 하는 마음이 잠시 들었다. '이 아이가 초등학교 때부터 학원을 많이 다녀서 학원 선생님을 편하게 생각하나? 혹은 나를 무시하나?' 하는 생각이 잠시 들었다.
    그러나 그 생각도 잠시, 나의 감정의 기준과 마음도 내 경험과 지식 혹은 판단으로 생긴 결과라는 것을 떠올렸다. 나도 불완전한 존재이고 이 아이도 불완전한 존재이다. 잠시 이 아이의 입장에서 생각을 해 보면 이 아이는 지금 휴식을 찾는 것이다. 그리고 게임을 숨어서 하는 것과 보이는 곳에서 게임을 하는 것은 다른 메시지를 갖고 있지만, 그것을 보고 불편해하는 나의 마음은 전적으로 내 기준에서의 생각이었다. 나는 다른 아이들도 게임을 복도에서 나와서 하게 되면서 복도

전체가 게임 하는 아이들로 꽉 차 버리는 그런 상상을 한 것이다. 나는 나의 상상력과 비합리적인 생각에 감탄하면서 웃어넘겼다.

아이에게 감정을 물었다. 지금은 어떤 느낌인지를. 아이는 잠시 머뭇거리더니 잘 모르겠다고 한다. 잠시 후에 아이는 '불안해요'라고 이야기를 했다. 나는 그 불안의 원인을 이야기할 수 있겠냐고 물었다.

문득, 청소년 상담 전문가의 말이 떠올랐다.

청소년을 대하는 마음으로,

· 나는 아직 (내담자인) 너를 모른다.
· 그래서 내가 이렇게밖에 너에게 이야기하지 못하겠다.
· 상담만으로 해결할 수 없는 문제들이 있다.

또한 청소년을 상담하면서는 그 청소년들에게는,

· 사람에게는 누구나 프라임 로직(prime logic)이 있다.
· 나의 최선이 누구에게는 실수가 될수도 있다.
· 아이들은 자신의 존재감을 드러내기 위한 여러 시도를 한다.
· 그 시도가 실수가 되고, 그것이 비난이 될 때는 존엄성을 무시 받는다.
· 아이들에게 소속감(community feeling)을 경험케 하는 것이 중요하다.

아이의 장점은 글쓰는 것, 말하는 것이었다. 그리고 그러한 장점이 외부적으로도 드러났다. 방송반에서 대본을 쓰고, 사람들과 대화하는 것을 좋아했다. 수학이라는 것은 이 아이 스스로에게는 단점이고, 약점이고, 버려야 할 것이었다. 수학 목표 점수를 물어 봐도 이 아이는 다른 과목보다는 낮은 점수를 기대했다.

  이 아이의 강점인 말과 글, 그리고 사람과의 관계에 대한 감각을 이용하기로 했다. 그리고 아이가 수학에 대해서 느끼는 어려움 및 두려움을 이 아이가 수학을 통해 얻으려고 하는 인정 및 지지와 분리하기로 했다. 그것을 자각하도록 돕는다면 이 아이가 좀 더 전진할 것이라는 생각이 들었기 때문이다.

두 수포자

9.

답답했겠네

선빈이는 여전히 수업시간에 하품도 하고, 손톱을 뜯기도 하였고, 머리를 만지기도 하였다. 나는 그 아이에게 인지상담의 한 종류인 관찰, 욕구, 느낌을 순서대로 이야기하는(비폭력대화, NVC) 방법으로 대화를 시작했다.

> "선생님은 지난번 수업시간에 네가 하품을 하는 것, 그리고 손톱을 뜯는 것, 그리고 머리를 만지는 것을 보았어. 너의 그러한 모습을 보니 수업에 집중하지 않는다고 판단이 들고, 아이가 수업에 집중하지 못하는 것은 가르치는 선생님이 문제라고 나는 믿기 때문에, 쌤은 무척 스스로 실망하고 있어."[1]

---

[1] 써놓고 나니 무척 길다. 말을 할 때도 참 오래 걸리기는 했다. 이 모든 말을 함축해서 "야~ 정신 차려", "집중해~"라고 이야기하는 경우도 있기는 하다. 그렇지만, 난 그 아이의 행동의 배경이 궁금했다.

9. 답답했겠네   43

아이는 미안해하면서 나를 바라본다. 나는 다시 이야기를 했다.
"난 그냥 궁금한 거야.
우리 사이에 숨길 것은 없지?
혹시 무슨 생각을 했니?"
아이는 좀 망설이며 입을 떼었다.
"친구들하고 농구할 생각을 하고 있었어요."
"글쿠나. 이야기해 줘서 고맙다. 덕분에 내가 잘 못 가르친다는 생각은 안 해도 되는 거지?"
"네."
나는 다시 물어봤다.
"이야기해 줘서 고맙다. 그러면 어려운 수학문제를 만났을 때 너는 어떻게 해결을 하니?"
아이는 '그냥 안 한다'고 이야기한다.
나는 아이에게 풀고 있는 문제집을 좀 더 쉬운 것으로 바꿔 보자고 말했다. 아이는 안 된다는 뜻으로 고개를 가로젓는다.
나는 물었다.
"왜 그러는데?"
"수학은 어려워야죠."
내가 다시 물었다.
"어려운 문제를 만나면 그냥 안 한다고 했지?"
"네."
"그런데 쉬운 수학은 하기 싫은거지?"
"네."
"그럼 너의 마음에는 '수학을 잘하고 싶은 마음보다 수학을 잘하는 것을 보이고 싶은 마음'이 있는 거네."
그 아이의 마음에는 수학을 잘하고 싶은 마음이 분명히 있다. 그러나 잘함을 통해서 남들에게 잘 보이고 싶은 마음이 그 아이를 지배하고 있었다. 그러기 때문에 어려운 문제집을 풀어야 하고, 쉬운 문제를 푸는 것은 스스로 용납을 할 수 없었을 것이다. 하지만 막상 어려운 문제에 대한 적절한 도전(선생님께 물어보거나, 답안지를 활용하기 등)은 거의 하지 못하고 있었다.

무엇이든지 반복하면 실력이 는다. 그러나 이 아이는 반복하지 않았다. 그리고 남들에게 보이기 위해 어려운 수학 문제집을 풀기를 원했다. 보이기 위한 행위는 결국 자기 자신을 힘들게 한다. 자신을 힘들게 하면서까지 남들에게 보여 주고 싶은 것이다.

두 수포자

10.

괴롭겠다

학원에서 가만히 아이들의 이야기를 듣는다. 『수학으로 힐링하기』 소감문을 받던 중 한 아이가 수학이 왜 싫은지를 이야기하는 것을 듣게 되었다.

> 수학을 공부하는 대한민국의 고등학생인 내게 수학이란 무엇일까? '과연 사회에 나가서 미적분의 개념 같은 것이 쓸모 있을까? 마트에서 할인율을 계산해 보거나 개당 금액을 비교해 볼 때나 쓰겠지.' 내가 늘 하던 생각이었다. 수학은 내가 가장 자신 없어 하는 과목이고, 나의 대학 입시에 큰 영향을 주는 요소였다. 나 외에도 많은 친구들이 수학을 어렵게 생각하고, 또 싫어한다. 대학에 가기 위한 우리나라 주입식 교육에 따른 결과가 아닌가 생각해 본다.

이 아이는 고등학교 첫 시험에서 157명 중에서 155등을 했다. 그 고등학교는 자신이 원하던 학교였고, 자신과 가족 모두가 학교에 합격한 사실을 자랑스러워했다. 그러나 첫 시험의 등수는 아이를 많이 낙심케 했다. 자신의 삶에서 한 번도 받아보지 못한 등수였기 때문이다. 본인은 물론 가족은 이 사실을 어찌 받아들여야 할지 당황해 하며, 아이가 이 상황으로 혹시라도 의기소침하지 않을까 걱정했다.

많은 아이들은 성적이 곧 나 자신이라고 동일화한다. 그도 그럴 것이 성적은 상대평가이고, '다른 또래에 비해'라는 비교급이 숨어 있다. 그리고 그동안 성적으로 인해 자신의 진학이 결정되었다. 즉, 자신의 긍정적인 정체성에서 성적이 큰 비중을 차지했다. 그래서 자신을 지지해 주었던 성적이 떨어질 때 자기 자신의 가치와 존재감이 하락하는 듯한 경험을 하게 된다.

나는 이 아이가 다시 일어날 것을 믿었다. 성장과 성숙의 과정에는 감정이든, 정서이든 혹은 외적인 성과와 성취이든 간에 기복이 있다. 그리고 상대평가에서 누군가는 1등이 되고 누군가는 꼴찌가 된다. 그리고 그 숫자는 곧 바뀔 수 있다. 그 숫자가 한 개인의 모든 것을 이야기해 주지는 않고 그럴 수도 없다.

어느날 집단상담 실습 중에 나는 나의 불쾌한 감정과 맞닥뜨렸고, 그 감정의 표현을 억압당했다. 그러자 나는 나의 감정에만 집중하게 되었고, 다른 환경의 긍정적인 것들은 전혀 보이지 않았다. 그리고 나의 처리되지 않은 감정은 한 남자에게 향했다. 나는 그 남자에게 당신은 왜 그 당시에 나를 도와주지 않았냐고 표현했다. 사실, 그 남자는 나의 불쾌한 감정과 전혀 상관이 없었다. 그런데도 나는 무의식적으로 나의 서운함을 투사한 것이다.

감정은 누구에게나 자연스러운 것이다. 그리고 자신의 감정, 즉 분노나 슬픔을 솔직하게 안전한 공간에서 표현하는 것이 좋다. 아이들이 가족에게 자신의 감정을 표현한다면 가족은 '아이가 가족을 안전하게 생각한다'고 여길 수 있다. 또한 실패나 좌절을 하나의 과정으로 이해하면 좋을 것이다. 출생과 죽음이 있듯이, 무엇이든지 시작하면 끝을 겪는다. 그리고 끝을 보기 전까지는 부침을 겪는다.

11.

동행 일기(1)[2]

실은 나도 너희들과 다르지 않았어.

나는 조직에서 부적응자였고, 고집불통이었으며, 불량품이었어. 당시 나는 직장 내에서 부서 이동을 했는데, 이전의 경력을 모두 무시하고 새로운 팀으로 그것도 나의 고집과 뜻에 의하여 옮겼지. 하지만 새로 옮긴 팀에 대해 지식도 없었고, 배우려는 자세도 되어 있지 않았기에 처음부터 새로 배워야 하는 사람이 되어 버렸어. 게다가 나의 발표는 정보전달이 부정확했고, 확신이 없었으며, 손모양이 가지런하지 못하고, 목소리는 가늘게 떨렸으니, 그것도 팀장이라는 사람이 그랬으니, 부하직원들이 노심초사했겠지.

나는 한마디로 부적합했어. 그런 나의 모습을 안타깝게 본 나의 매니저는 일대일 프리젠테이션 교육에 다녀오게 했었어. 나의 프리젠테

---

[2] 본 장에서는 특별히 필자가 가르치는 학생에게 대화하듯 글을 썼다.

이션 스승은 당시에 영국에서 연극을 전공한 사람이었어.

 그는 어느 날 내게 큰 거울 앞에 서서 나의 모습을 한참을 바라보게 했어. 나는 쌍꺼풀 없는 눈과 주름진 얼굴과 비율이 맞지 않는 긴 허리와 짧은 다리를 한참 동안 응시해야 했지. 나에겐 무척 생소한 경험이었어. 나는 가나다 발음부터 교정해야 했어. 발음이 부정확했었으니까. 발음을 하기 전에 입을 풀어야 했고, 입을 벌려 턱관절을 마사지하며, 가능한 입을 크게 벌려서 발음해야 했어. 그리고는 나는 일주일 동안 연습 후에 그로부터 과제를 받았지.

 숙제를 해 갔냐고?

 아니, 안했어. 나는 아주 고약한 학생이었거든. 나는 그가 해 오라는 숙제를 하지 않았어. 아마도 학교였다면 여러 번 혼났을거야. 내가 봐도 나는 개겼다고 볼 수 있어.

 나와 동갑이었던 그는 나를 설득하기 시작했어. 그는 내가 숙제를 해 오게 하려고 자신이 겪은 이야기도 하고, 내게 자기개방을 유도하기도 하고, 직장을 계속 다녀야 하지 않겠냐며 여러 가지 현실적인 이유를 대기도 했어. 하지만 나는 결국 해 가지 않았어. 결국 이 사실은 나의 매니저에게 보고가 되었고, 나는 시키는 대로 하지 않는 부적격자가 되어 있었으며, 결국 10년 넘게 다닌 직장과 결별을 했지.

 그러던 중에 상담을 배웠어. 대학원을 다녔지. 그런데 대학원 졸업 논문을 앞두고 똑같은 경험을 했어. 나는 주제를 이미 정했음에도 불구하고, 그것도 내가 정했음에도 불구하고, 교수님께서 친절하고 자상한 지도를 해 주셨음에도 나는 몇 달 동안 논문을 쓰지도 못하고, 쓰지도 않으며 태업했지. 기존 논문의 틀대로 쓰는 것을 거부한 결과가 되었어. 그렇다고 논문 시스템에 대해서 이러쿵 저러쿵 대놓고 이야기는 하지 못했으나, 결국 나는 또 개겼다는 생각을 하게 되었지.

그러던 중 수학학원을 시작했고, 너희들을 만난거야. 나는 수학학원의 시스템과, 원장을 바라보는 학생들과, 원장에게 기대하는 학부형을 보면서 다시 한 번 '개기기' 시작했어.

다만, 나는 내가 가르치고 싶은 수학을 가르치도록 나 자신에게 자유를 부여했어.

아마도 내가 원장이니 가능했을거야.

내 마음대로 말이야.

그러다보니,

수학이라는 과목이 달리 보였어.

수학이 어렵다는 너희들이 다시 보였어.

수학을 포기한 너희들이 다시 보인거야.

수학이 누군가에게는

계산과 논리의 문제이겠지만,

부모로부터의 인정의 도구이자 기준일 것이고,

자신의 정체성과 불확실한 진로에 대한 고민일 거야.

그리고 그러한 것들이

비단 너희들뿐만이 아니라,

마흔살이 넘어간 나 역시도

여전히 함께 지니고 있는 것임을 발견했어.

나는 회사에서 개겼고,

대학원에서도 개겼어.

심지어는 내 일터인 학원에서도 개긴거야.

그래서 그런지 개긴다는 아이들을 보면,

그러면 안된다고 하기 전에

긍휼한 마음이 생기더라.

그 답답함을 이해하니까.

내가 그랬으니까 말이지.

같이 가보자.

무슨 일이 생길지 모르겠지만 ….

세 개의 숙제

· 너는 누구니?
· 부모님과는 어때?
· 너의 꿈이 뭐니?

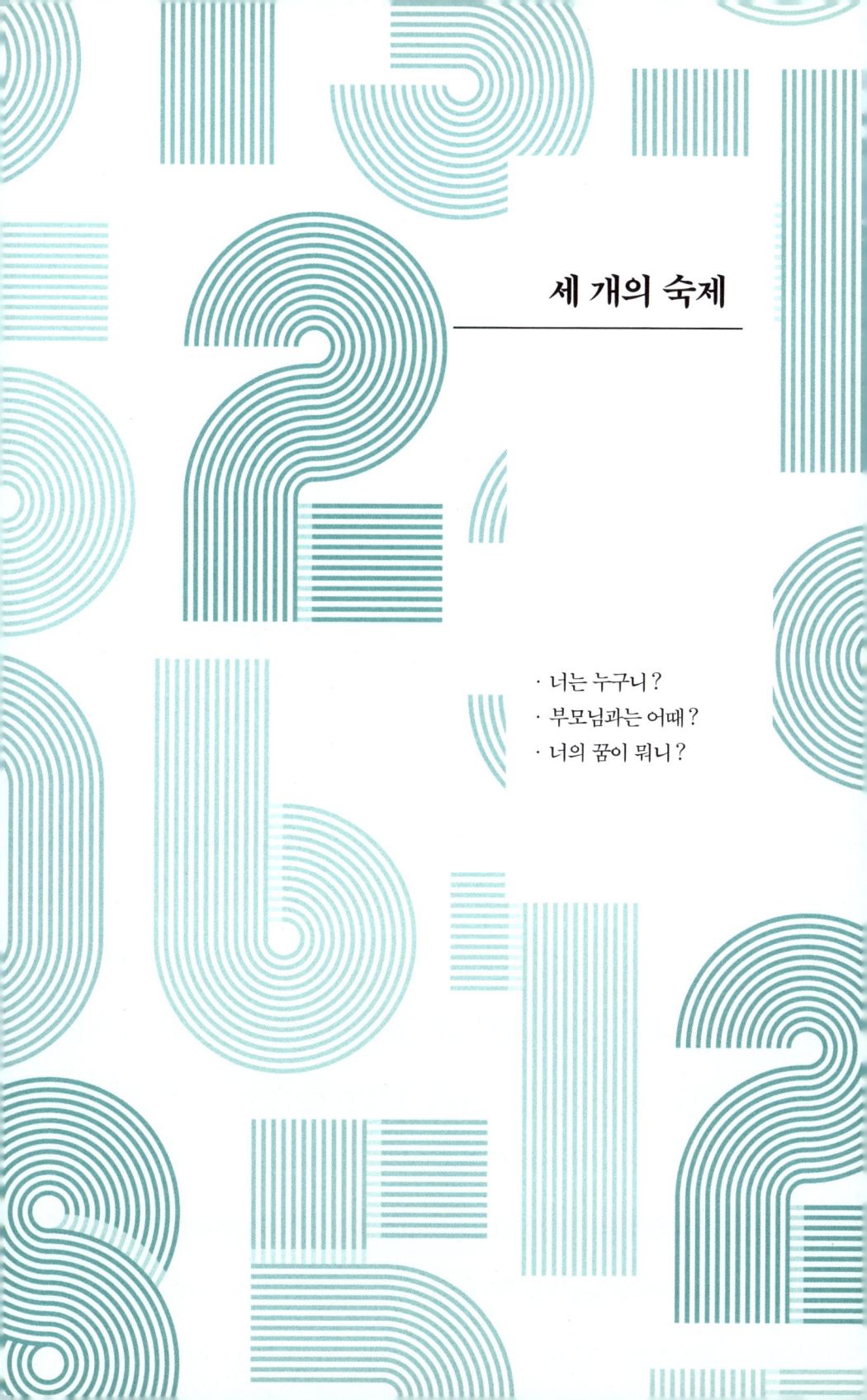

너는 누구니?

너는 누구니?

1.

너 계산 빠르던데?

 기현이에게는 연산을 잘하는 장점이 있었다. 곱셈공식과 인수분해 등의 기초연산을 잘 했다. 그러나 그 이후의 중3부터 고1까지의 수학이 전혀 되어 있지 않았다. 중학교 때로 다시 돌아가야 했다. 학년별 진도를 나가기보다는 수학의 분야별로 공부를 해야 했다.

 수학의 분야는 크게 세 가지로 나누어진다. 식과 연산, 함수와 그래프, 그리고 기하와 도형이다.

 식과 연산은 자연수로 시작하여 정수, 유리수, 무리수, 허수의 더하기, 빼기, 곱하기, 나누기 등의 사칙연산과 x로 대표되는 식들의 사칙연산이다.

 함수와 그래프에서는 x축, y축으로 그려지는 점의 위치, $y=ax$로 시작하는 일차함수이자 직선의 방정식, 그리고 $y=ax^2$로 대표되는 이차함수 등을 그리는 법, 그래프를 읽는 법 등을 다루는 데, 이후에 삼차함수라든지 지수·로그 그래프, 삼각함수의 그래프는 고등학교 때 더 자세히 배운다.

삼각형과 원으로 대표되는 기하 부분은 중1의 평행선, 중2의 삼각형, 중3의 피타고라스 정리, 그리고 원과 삼각비를 배운다. 평면도형에서 입체도형으로의 확장이 일어나며, 고등학교에는 기하를 좌표로 푸는 직선의 방정식, 원의 방정식 등이 나오게 된다.

그리고 수열, 확률과 통계 등의 기타 분야들이 수학에는 존재한다. 이 모든 수학의 기본은 수와 식의 연산이라고 볼 수 있다.

기현이는 사칙연산을 잘했고, 규칙을 가르쳐 주면 확장능력이 있다. 예제를 통해서 따라왔고, 예제를 풀면 그것을 확장시키는 능력을 가지고 있었다. 그리고 틈틈이 지금 공부하고 있는 미분에 대한 개념, 미분법을 통한 함수의 증감에 대해서도 개념을 잡아가기 시작했다.

그러나 불규칙적인 습관으로 아이는 학원에 나오는 날보다는 나오지 않는 날이 더 많았다. 친구들하고 어울리느라, 혹은 새로 사귄 여자친구를 만나느라 학원에 잘 나오지 않았다. 자신의 진로 결정에 대해 고민했으나, 세상이 기현이에게 주는 모든 답은 '일단 공부를 시작하라'는 일방적인 통보였다. 그럴수록 아이는 지금 하고 있는 공부가 과연 자기에게 어떤 도움이 되는지를 찾지 못하고 있었다. 게다가 아이는 수학공부 양이 많은 이과에서 문과로 전향하기로 결정했다. 전적으로 수학을 따라잡을 수 없다고 판단한 결과였다.

어느 날 기현이가 내게 말했다. 자신이 갈 수 있는 대학은 한 군데도 없을 거라고. 나는 아이에게 이야기했다.

"대학 총장님들은 이 겨울에 무엇을 걱정하는지 아니?"

"아니요."

"학생이 안 들어올까 봐. 그리고 들어오면 자퇴할까 봐."

아이의 표정이 좀 밝아진다.

그리고 나는 손가락 여섯 개를 펴고 이야기했다.

"네가 중1부터 고3까지 중에서, 아직 고3은 안 왔지만, 네가 바닥이라고 생각한 학년이 어디니?"

아이는 중3부터 고2라고 했다. 나는 손가락 세 개를 접었다. 나는 아이에게 손가락 몇 개가 남았는지를 물었다. 아직 3개가 남아 있다고 했다. 나는 다시 이야기했다.

"너는 지금이 끝이라고 생각하지만 고3 이후를 생각해 보자고. 재수, 삼수, 군대 2년. 지금 고3까지 포함하면 5년이라는 시간이 더 남아 있어. 지금부터 준비해서 5년 후에 결과를 맺으면 어떻겠어?"

아이는 잠자코 들었다. 나는 이야기했다.

"너 연산 잘하잖아. 그걸로 밀고 나가봐."

2.
선택을 네가 해봐

　선빈이가 나에게 오늘 무슨 책으로 공부하냐고 물어봤다. 나는 책은 필요없다고 했다. 나와 아이는 강의실에 단둘이 앉았다. 'ㄴ'자로 의자를 놓아서 아이가 편안하게 시선을 피할 수 있도록 배려했다.
　나는 아이에게 감정을 물었다.
　"지금은 어떤 느낌이니?"
　아이는 잠시 머뭇거리더니 잘 모르겠다고 한다. 잠시 후에 아이는 '불안해요'라고 말했다. 나는 그 불안의 원인을 말할 수 있겠냐고 물었다. 지난번처럼 영어 숙제를 안 했다는 것이다. 영어 숙제가 무엇인지를 물었다. 지난 번과 마찬가지로 지문을 모두 외우는 것이라고 했다. 그런데 숙제 양이 너무 많아서 해 갈 수 없을 것 같다고 했다.
　나는 덩크슛의 비유를 들며 덩크슛을 하지 못하는 아이에게 덩크슛을 하라고 목표를 준 것 같다고 했다. 농구를 좋아하는 선빈이는 나의 비유에 적극 공감했다.

"덩크슛을 못하는 아이가 있어. 네가 그 아이의 코치라면 어떤 지시를 하고 싶니?"

아이는 '지금 네가 할 수 있는 것을 해 보라'라고 하겠다고 말했다. 나는 영어 숙제에 대해서 어떻게 말하고 싶은지를 물었다. 아이는 문장 구조와 구문을 이해하고 싶다고 했다. 45개의 문장을 외우기 전에 먼저 이해를 하고 싶다고 했다. 나는 다시 아이에게 이야기를 했다.

"혹시 수학도 네가 원하는 방식이 있다면 이야기를 해 볼래?"

아이는 그렇게 하겠다고 이야기했다.

나는 아이에게 오늘 수학공부를 할지, 영어 숙제에 집중할지 선택을 해 보라 했다. 아이는 이 선택을 무척 어려워했다. 수학을 선택하자니 영어가 걸리고, 영어를 선택하자니 이곳은 수학학원이었다. 시간을 주었으나, 망설이는 빛이 역력했다.

나는 문득 아이에게 선택 방법을 가르쳐 주어야겠다는 생각이 들었다. 나는 칠판에 적어 가기 시작했다.

> **첫째,** 둘 중에 네가 얻는 효과가 더 큰 것을 선택할 수 있다.
> **둘째,** 둘 중에 네가 버리면서 생기는 비난과 벌이 더 큰 것을 먼저 완료할 수 있다.
> **셋째,** 둘 중에 먼저 끝낼 수 있는 것을 먼저 할 수 있다. 그리고 더 중요한 것은 네가 선택했다는 사실이다.

아이는 나의 말을 듣더니 오늘은 영어 숙제를 하겠다고 이야기했다. 나는 영어 숙제를 하도록 아이에게 공간과 시간을 허용해 주었다.

아이에게는 안정감과 사람의 인정과 지지가 필요했다. 아이는 상대방에 맞추어 선택을 하려고 노력했기에, 자신이 무엇을 선택하더라도 혹은 무엇을 하더라도 존중받고 있다는 확신이 필요했다.

이 아이에게는 자신이 수용받는 느낌이 중요했다. 또한 나는 이 아이가 안정감이 들고, 스스로 하겠다는 이야기를 할 때까지는 기다려 주었다.

3.

쌤, 콜라 드세요

어느 날 선빈이가 콜라를 가지고 수업에 들어왔다. 나는 한잔 따라 달라고 했다. 아이는 내게 콜라를 따라 주었다. 나는 물었다.

"넌 이 콜라가 좋아?"

"네."

"특별한 이유가 있어?"

"싸잖아요."

"하하하~."

나는 아이의 말에 한참 웃었다. 아이는 이 제품이 투플러스원이라고 했다. 콜라로 시작한 이야기는 편의점에서 맛있는 간식에 대한 이야기로 확대되었다. 그러면서 나에게 '이것도 좋아하세요? 저것도 좋아하세요?'라고 물으며 자신도 좋다고 맞장구를 쳤다. 그러면서 자기 의견이 나와 일치했으면 하는 생각을 갖고 있었다.

나도 누구로부터 인정을 받는 것에 민감하다. 다른 이의 평판에 민감하다. 내가 가진 확신보다는 다른 사람들의 의견과 감정에 내 의견과 감정을 조절하는 데 뛰어나다고 할 수 있다. 갈등을 별로 좋아하지 않는다. 차라리 내가 참는다. 그래서 손해 보고 있다고도 생각한다.

선빈이는 부모의 기대에 부응해야 한다는 생각이 강했고, 현재 자신의 모습이 그렇지 못한 것에 대해서 힘들어 하고 있었다. 게다가 한 번 놓친 수학의 흐름을 따라잡기가 어렵다고 생각했고, 자신의 수학점수로 인해 더 확신하고 있었다.

내 시계를 몇 년 전으로 돌려 본다.

한 남자가 컴퓨터 모니터 앞에 있다. 새로운 부서에서 새로운 일을 하고 있었다. 내게 떨어진 과제는 제안서를 만드는 것이다. 나는 인정을 받고 싶었다. 주변 사람들은 내게 친절했다. 잘 가르쳐 주었다. 나는 이 일을 통해서 인정을 받고 싶었고, 당시에 다른 사람들의 이야기는 내게 들리지 않았다. 나는 이틀 동안 꽁꽁 싸매고 했는데, 그것은 단지 남들이 한 시간 만에 뚝딱 만드는 이야기 정도에 불과한 것이었다. 내게 돌아온 것은 자괴감과 좌절감이었다.

내가 가진 것은 변함이 없었으나, 나를 송두리째 바꾸고 싶었다. 화장실에서 거울을 봤다. 초라한 한 남자가 서 있었다. 나는 내 얼굴을 때리기 시작하며 나 자신에게 '너는 그것밖에 못되냐'고 했다. 아픔도 느끼지 못했다. 차라리 아픔을 느끼는 것이 살아 있는 것 같은 기분이었다. 감각은 살아 있었다. 맞는 나는 살아 있다는 것이 좋았다. 때리는 나는 곧 멈추었다. 나 자신이 가엾어 보였다.

아이에게 물었다.

"네 후배가 너와 같은 상황이야. 중학교 때까지는 수학이 어렵지 않았는데, 고등학교 수학시험을 못 봤어. 그리고 점수가 오르지 않았어. 그렇다면 그 아이에게 뭐라고 할래?"

아이는 말했다.

"괜찮아. 수학 말고 할 거 많아."

아이는 방송제에 있을 대본을 쓰고 있었다. 나는 내가 쓰는 책을 보여 주면서 아이에게 의견을 구했다. 아이는 죽 읽어 보더니 두 가지 의견을 냈다. 약간의 예제가 있으면 좋겠다는 의견과 흑백 인쇄물로만 보면 재미가 없으니까 재미있는 그림도 넣었으면 좋겠다는 의견이었다. 나는 아이에게 좋은 아이디어와 제안에 감사를 표했다.

나는 다음 시간에 아이에게 콜라를 사달라고 부탁했다. 아이는 내 부탁을 들어주었다. 나는 아이에게 감사를 표했다. 너 덕분에 선생님이 행복했다고.

4.

너만의 공부법

나는 대학원에서 철학수업을 수강한 적이 있다. 과목명은 '상담과 철학'이었다. 나에게 큰 도전이었다. 주제는 하이데거였다. 수업시간에 하는 말이 이해가 될 듯하면서도 이해가 되지 않았다. 세인, 잡담, 상호-공-존재, 현 존재 등등. 나는 답답했다. 알고 싶으나 알지 못하는 상황이었다.

나는 합리화를 하기 시작했다.

'내가 이과 출신이라 그래.'

'교수님이 어렵게 가르쳐서 그래.'

'원래 이 과목은 어려워.'

반면에 다른 학생들은 수업을 모두 이해하는 것 같았고, 심지어는 교수님에게 질문하고 토론하는 학생도 보였다. 나는 기가 죽었다.

나는 내 지인에게 내 답답함을 토로했다. 그의 대답은 간단했다. 도서관에서 하이데거의 책을 빌려서 그 책을 다 읽으라고 했다. 나는 도서관에서 책을 빌렸다. 보기에도 낡아 보이는 몇 백 페이지의 책이었다. 그 책의 겉표지와 두께에 위압감이 느껴졌다. 나는 책을 한 자도 읽지 않았다. 그리고는 하이데거가 어렵다고 토로하는 몇몇 사람과 어울리면서 마음을 위로받았지만 나의 철학수업은 점점 내게 무겁게 느껴졌다.

아이들에게 수학이라는 과목은 한 번 놓치면 큰일난다며 초조해 하는 과목 중 하나이다. 그러니 중·고등학교 6년이라는 시간 동안, 아니, 그 이상을 불안과 초조함으로 심리적인 에너지를 빼앗기게 된다. 없는 에너지를 보충하려니 잠이 더 오게 되고, 혹은 재미를 위해 여러 가지를 찾게 된다. 아이들은 그저 잠시 한눈을 팔았다 생각했는데, 다른 모든 아이들은 이미 저만큼 앞서가고 있다. 수업시간에도 '하나도 모르겠다. 이미 늦었다'는 생각이 든다. 수학이 어렵다는 친구들이 큰 위로가 된다.

그래도 한번 해 보려고 다짐한다. 공부를 잘하는 친구에게 묻는다. 친구도 별반 답을 내려 주지 못한다. 산더미 만한 교과서와 좋다는 문제집을 산다. 그러나 별로 이해가 되지 않는다. 시간은 계속 흘러가고 답답함은 계속되니 더 초조해진다.

나는 기현이와 선빈이가 가진 것을 헤아려 봤다. 기현이는 계산능력을 가지고 있었고 선빈이는 관계에 대한 친화력과 상상력, 그리고 글로 표현할 수 있는 능력을 가지고 있었다.

어느 날이었다. 철학 교수님은 학생들에게 보고서를 써 오라고 했다. 나는 그동안 마음의 짐이었던 퇴직의 사건을 하이데거 철학에 대입해 보았다. 어렵다는 용어가 하나씩 내게로 하나의 의미로 다가왔다. 철학 용어의 정의를 찾기 위해 인터넷을 찾아보기 시작했다. 철학 용어가 내 삶에 적용되는 재미가 생겼다. 그렇게 시작한 나의 옹알이적 보고서에 교수님도 만족하셨다. 여전히 철학은 내게 무거운 단어이고 두려운 과목이지만, 그 하나의 경험을 통해 좀 더 철학에서 내 수준에 맞는 것을 찾는 힘을 발견했다. 일종의 성공경험이다.

많은 아이들이 성장하면서 자연스러운 변화를 겪고, 주변의 관계를 통해 자아정체성을 확인하며, 자신의 미래와 진로를 탐색하게 된다. 그러한 이슈들은 결코 우리의 삶과 분리될 수 없다.

나는 아이들에게 어떤 공부를 했을 때 가장 좋았었는지를 묻는다. 어떤 아이들은 교과서가 좋았다고 하고, 어떤 아이들은 특정 문제집, 혹은 학원에서 주는 자료 등을 이야기한다. 어떤 아이는 원리만 집어 주고 스스로 하게 해도 되고, 어떤 아이들은 하나하나 순서대로 가르쳐 주어야 한다. 이렇듯 아이가 스스로 가장 효율적인 공부법을 발견하도록 도와주는 것도 내게 중요한 일 중의 하나이다.

너는 누구니?

5.

주어가 뭐니?

하루는 기현이에게 평균과 표준편차를 가르치고 있다. 기현이는 문제가 이해가 안 된다며 손을 들었다.

> 정규분포를 따르는 모집단에서 크기가 64인 표본을 임의추출하여 모평균을 추정하였을 때의 신뢰구간의 길이는 크기가 n인 표본을 임의추출하여 같은 신뢰도로 모평균을 추정하였을 때의 신뢰구간의 길이의 2배였다. 이때 n의 값을 구하여라.

내가 묻는다.
"주어가 뭐니?"
수학은 언어이다. 언어를 기호로 바꾸고, 기호로 통해서 의사를 전달하는 것이다. 하나를 보면 열을 안다는 것이 수학에서 통한다. 1, 3, 5, 7, 9. 그 다음은 11이라고 할 수 있다. 어떻게 알 수 있냐고 물으면 아이들은 모두 답을 말한다.

다시 위의 문제로 돌아가자. 아이는 문제를 한참 읽은 후 잘 모르겠다고 한다.

"'신뢰구간의 길이'가 주어야. 거기서 멈춰봐. 신뢰구간의 길이가 뭐니?"

아이는 잘 모르겠다고 한다. 그래서 신뢰구간의 길이에 대해서 설명한다. 어떤 신뢰구간인지를 본다. 크기가 64인 신뢰구간의 길이이다.

"A가 B의 두 배야. 예를 들어 3과 6이 있어. 그래서 '3 = 6'이라고 쓰고 싶으면 어디에 2를 곱하면 되겠니?"

"3에다가요?"

"그러면 A가 B의 두 배야. 'A = B'라고 쓰고 싶어. 어디에 무엇을 쓰면 되겠어?"

이렇게 문장의 뜻을 이해시키고 자신이 스스로 식을 세우게 되었다. 이렇게 세운 식으로 연산의 과정을 통해서 숫자를 구한다.

나는 아이에게 묻는다.

"그 답이 무슨 의미니?"

아이가 잠자코 있다.

"그 답을 네 동생에게 설명해야 해. 어떻게 설명할 수 있겠어?"

표본으로부터 많은 데이터를 추출해서 조사하면 값이 더 정확해진다. 즉 폭이 좁아진다. 만약 여론조사를 할 때 1명에게 물어본 70%와, 10,000명에게 물어본 70%는 신뢰구간이 다르다. 10,000명이 더 정확할 것이고, 오차율이 작을 것이다.

문제를 읽은 후 기호와 수식으로 변환하고, 기호와 수식의 연산을 통해 답을 구하며 답의 의미를 해석해 내고 적용하는 것.

결국 수학은 언어라는 것에 동의하게 된다.

너는 누구니?

6.

우와, 대단한 걸?

    나는 선빈이와 함께한 한 달 동안 그 아이에게 수학문제를 풀게 하지 않았다. 물론 수업을 안 해 본 것이 아니다. 수업을 진행해 봤으나, 내 눈과 마주치면 형식적으로 고개를 끄덕이는 것을 발견했다. 수업 후 풀 문제에 아이가 손을 못 대고 있었다. 나는 아이를 따로 불러서 이야기를 했다.
  "수업시간에 눈을 마주치려고 해 주어 고맙다."
  "네."
  "수학적 귀납법은 너에게 어땠어?"
  "잘 모르겠어요. 어려워요."
  아이에게 수학적인 지식을 전달하기 전에 자기 자신에 대한 확신이 필요했다. 이 아이는 실제로 학습시간을 나름 확보하고 있었다. 또한 공부 환경도 갖추고 있었다. 그러나 수학을 자신이 접근하려 하지 않았다. 나는 상담의 방법으로 이 아이에게 자기 확신을 심어 주고자 결심했다.

내가 논문지도를 받을 때였다. 상대적으로 나는 평가적인 요소에 민감하다. 나는 내가 알고 있는 것이 하찮다고 생각했다. 그래서 이것을 어느 권위자에게 확인받고 싶었다. 누군가가 내가 이야기한 것이 맞다고 하면 나 자신이 맞은 것 같았고, 틀리다고 하면 내 마음속으로는 저항이 일어나지만 나 자신이 틀린 것 같았다. 즉, 누군가의 평가에 민감한 성향을 가지고 있다. 나의 논문에 대한 이야기를 다 듣고는 교수님께서 말씀하셨다.

"선생님이 하시는 것이 '실행연구'라는 거에요. 저 같은 사람은 책으로 알고 있는데, 선생님은 그것을 실제 경험으로 알고 계시네요. 대단하세요."

교수님은 나를 객관적으로(당연히 부족한 면도) 바라보셨지만, 나의 의도를 언어화해 주고 정의해 주셨다. 그런데 신기했던 것은 나의 장점과 가진 것을 칭찬받았을 때 내 마음에서는 내가 부족하고 연약한 것을 고치려는 힘이 올라오는 것을 경험했다. 나의 약점은 본인이 가장 잘 안다. 권위자의 긍정적 한마디가 나에게는 큰 힘이 되었고 자신감이 붙었다. 그리고 내가 보고 듣고 느낀 것을 확인받을 때 나의 존재감에 대한 안정감이 생겼다. 내가 무엇을 하더라도 괜찮다는 생각을 갖게 되었고, '나'라는 존재와 나의 생각이 분리되기 시작했다. 내 생각을 지적받더라도 지적받는 것은 내 생각과 의견이지 나 자신이 아니었다. 또한 지적받는 것은 내 생각이 더욱 바람직해지는 과정이었다.

그 아이에게는 안정감과 수용과 지지가 필요했다. 그 아이에게 수학은 지적을 받게 하는 어떤 것이었다. 아이는 계산이 느렸고, 학교에서 배우고 있는 진도를 모르고 있었다. 시험 범위도 정확히 알고 있지 않았고, 배웠을 법한 내용은 잘 기억이 나지 않는다면서 나의 눈치를 봤다. 수학이 아이의 평가적 요소가 되기에 나는 아이에게 불안감을 주는 수학책을 눈에 보이지 않게 책가방에 넣으라고 했다. 우리의 책상에는 아무것도 없었다.

  아이는 글 쓰는 것을 좋아했다. 나 역시 저자로서 출판해 보았기에 이야기의 공통 화제가 있었다. 이 아이가 초등학교 때 동요에 맞추어 노래한 것이 유투브에 떠 있음을 알았다. 이 노래는 내 자녀도 들은 노래일 정도로 익숙했다. 나는 아이가 너무 신기했다. 그리고 그것을 마음껏 지지하고 칭찬해 주었다. 선빈이는 이 사실을 어색해하고 부끄러워했지만, 차츰 마음을 열고 이 공간이 안전하다는 것을 조금씩 알기 시작했다.

너는 누구니?

7.

이건 나도 모르겠는데?

 문제를 풀다가 모르는 문제가 나온다. 나는 아이들하고 풀이와 답을 같이 본다. 나도 모르니까. 나에게도 어려우니까.
 아이들이 수학을 어려워하는 많은 이유 중 하나가 문제 자체가 이해 안 된다는 것이다. 도저히 이 문제가 나에게 무엇을 원하는지를 이해 못하는 것이다.
 이 글자가 어떻게 보이는지를 물으면 흔히 두 가지로 대답을 한다.

THE CAT

7. 이건 나도 모르겠는데?

만약 이 글자를 보고서 'THE CAT'이라고 읽는다면 그 사람은 이것을 맥락에 맞게 해석한 것이다. 왜냐하면 A 같기도 혹은 H 같기도 한 모양을 맥락을 통하여 어떤 경우는 H, 어떤 경우는 A로 다르게 처리한 것이다. 이것을 하향처리(Top-down Processing)이라고 한다. 높은 수준(신념이나 사상)의 처리가 낮은 수준의 처리(지각)에 영향을 미치게 된다.[1]

$$A \rightarrow /-/ \rightarrow A$$

이 그림을 보자. A라는 글자를 세 개의 선분으로 보게 되고 이것을 다시 하나의 글자로 인식하게 된다. 이것을 상향처리(Bottom-up Process)라고 한다. 하나의 모양을 분해하여 바라보고 다시 재조합하여 A라는 글자로 이해하게 된다.

위의 그림을 'THE CAT'이라고 읽는 사람은 아마도 자신의 맥락대로 세상을 볼 것이다. 그러나 객관성을 중시한다면 그 지점에서 멈추어 생각할 것이다.

하지만 수학문제를 주어진 시간 안에 풀게 하려면 맥락대로 읽도록 해야 한다. 만약 하트의 모양을 스캐너가 스캔하고 그것을 그대로 프린트하면 시간이 오래 걸린다. 왜냐하면 스캐너는 하트를 점과 선분

---

[1] David G. Myers·Nathan DeWall, 『마이어스의 심리학개론』(*Psychology*), 신현정·김비아 역 (서울: 시그마프레스), 140.

과 곡선으로 이해하기 때문이다. 그러나 내가 그것을 하트로 인식하고 해석하여 받아들인다면 나의 출력은 하트이기도 하고, '사랑해'라는 고백이기도 하며, 떨리는 느낌이기도 할 것이다. 즉, 사랑이라는 것으로 인지하는 것이다. 이것은 인간 두뇌의 신기함이고 오묘함이다.

이렇듯 사람은 세상을 자신의 신념대로 바라보고 이해한다. 그것은 상대의 의도와는 다른 해석을 범할 수 있다. 하지만 그 해석이 다르다 하여 일방적으로 틀렸다고 지적할 수는 없다.

수학문제를 틀렸다고 하는 것은 이러한 일방 통보가 아닐까?

사실은 내 눈에 안 보이니까 모르는 것이다. 모르니까 다시 알아보면 된다.

풀리지 않는 문제들은 곰곰이 바라보면, 보조선을 하나 더 그으면, 원을 하나 더 그리면, 수직선을 그어 보면 풀리는 경우가 대부분이다. 풀리지 않던 문제가 하나에, 선 하나에 풀리는 재미를 느낀다면, 하트를 스캐너로 인식하는 것이 아니라 사랑이라는 신호로 받아들이고 출제자의 의도에 맞는 대답을 해 준다면, 거기서 느끼는 쾌감이 수학의 매력이기도 할 것이다.

8.

쌤, 저 좀 늦어요

　선빈이는 학원 수업시간이 되면 내게 전화를 한다. 그 아이는 밝은 목소리로 좀 늦는다고 말한다. 이 아이에게는 좋은 관계 안에서는 무엇이든지 수용받고 싶어 하는 마음이 있다. 약속을 지키기보다는 약속을 넘어서는 끈끈함을 원하는 것이다. 이 아이는 늦는다는 전화를 하면서 내 목소리를 살필 것이다. 안심하고 싶을 것이다. 늦어도 괜찮다라는 내 말에 아이는 더 밝게 죄송하다고 말한다. 안심된다는 뜻이다. 아이는 자신의 존재감을 나의 말과 표정에서 찾고 있었다.
　아이는 차츰 바뀌기 시작했다. 나는 아이에게 나의 과거 이야기를 했다. 직장에서 시킨 일이 있었는데, 그 일을 하지 못하고 멍때리던 상황을 얘기했다. 제안서 작성이 내일까지인데, 그 제안서를 작성하지 못하는 나 자신이 너무 미웠던 일이 있었다. 나 자신을 송두리째 바꾸고 싶은, 좌절감에 쌓였던 이야기였다. 아이는 나의 이야기를 잠자코 듣고 있었다. 그리고 아이에게 물었다.
　"그때 내가 어떻게 해야 했을 것 같니?"

"글쎄요. 잘 모르겠어요."
"그때는 잘 몰랐는데, 지금 생각하니까 그 일을 하기 일주일 전에 도움을 청했어야 할 것 같아."
나는 당시에 나의 문제를 솔직하게 말하지 않았다. 그 일을 하지 못한다고 말을 못했다. 그렇게 하루하루 미루고 있는 나 자신을 발견했다. 점점 공포심이 생겼고, '잘 되어 가냐'는 질문에 잘 되고 있다고 거짓 보고를 하고 결국은 기한을 넘긴 채 조직에게 피해를 주게 되었다. 피해를 주게 되어 더 죄책감에 사로잡혔던 기억이 있다.
"그때 내가 할 수 있는 것과 내가 할 수 없는 것을 구분해서 도움을 청했어야 했어. 그런데 그러지 못했지."
"네."
"그런데 아마도 이 일을 나 혼자 해야 한다는 생각으로 가득 찼었던 것 같아."
나는 아이에게 수업을 마치고 수학과제를 주었다. 30분이면 풀거라고 생각했다. 아이는 책상에 몇 시간을 앉아 있었다. 나는 수학과제를 다하고 다른 과목을 공부하고 있겠거니 생각했다. 그런데 아이를 불러서 확인을 해 보니 문제를 풀다 만 흔적이 있었고, 그 뒷문제들은 풀지 않았다. 아이는 몇 시간 동안 그 수학문제 하나만을 바라보고 있었던 것이다.
자기 효능감이 있다. 자기 자신이 쓸모가 있다는 생각이다. 반대로 자기 자신이 쓸모없다라는 생각은 무척 괴롭다. 내가 당시 제안서 작업을 못하고 있었을 때, 내가 컴퓨터 모니터 앞에서 '나는 왜 이렇게 못할까?'라고 생각하며 나 자신에게 분노했다. 나 자신이 너무 미워서 잠도 안 재웠고, 잠시의 쉬는 시간도 허락하지 않았다. 그리고 밥도 안 주고, 나 자신에게 쓰라린 독한 것을 언어로, 생각으로, 물리력으로 주입시키면서 나를 괴롭혔다. 그리고 나를 도와주려는 사람들의 호의를 거절하고 무시하면서 여전히 나 자신을 벌 줬다.

나는 아이에게 이야기했다.

"내가 너라면 내가 스스로 한심하고, 내가 스스로 할 줄 아는 것이 없다고 화가 났을 것 같아. 그리고 '이런 내가 뭘 할 수 있겠어'라면서 스스로에게 벌주고 싶을 것 같은데."

아이는 고개를 끄덕였다.

궁금한 것이 있으면 편하게 물어보라고 하지만 그게 말처럼 쉽지는 않다. 궁금한 것이 무엇인지도 잘 모를 수도 있고, 물어봐도 될지 안 될지 망설일 수도 있다. 그리고 물어봤다가 혹시라도 '이것도 모르냐'며 싫은 소리라도 들으면 참 민망할 것도 같다. 그래서 혼자 낑낑대고 해 보지만 답답하기만 하다. 시간이 지나면서 아이는 조금씩 마음의 문을 열 거라고 기대해 본다.

9.

동행 일기(2)

오늘은 함박눈이 왔다. 목요일. 나의 수업 중 기초상담실습이 있는 날이다. 기초상담실습은 상담가가 되기 위한 대학원 수업으로서 상담센터에서 내담자(상담을 받는 자)가 되어 10회기 동안 상담을 받는 것이다. 오늘은 상담의 8회차가 있는 날이다.

내 마음은 요즘 편안하지가 않다. 최근에 그동안 미루어 왔던 마음의 작업을 하고 있다. 그것은 바로 '퇴직'에 관한 작업이다.

나는 3년 전, 12년 동안 다니던 직장을 그만두었다. 그 전 직장의 4년 경력을 포함하여 15년의 직장생활을 끝냈다. 남자가(여자라고 크게 다를 것은 아니겠지만) 퇴직을 한다는 것은 참으로 큰 사건이다. 자신에게도 큰 사건이지만, 가족에게도 큰 사건이자 새로운 도전이다. 그동안 내 삶의 대부분을 차지했던(시간적으로, 공간적으로, 사회적으로) 직장을 다니지 않는다는 것은 일(work)로써 삶의 많은 부분을 인정받았던 나에게는 상실 그 자체이고, 나 자신을 규정하는 사회적 가치를 포기하는 것이며, 그 규정을 재정의해야 함을 의미했다.

나는 오늘 상담에서는 나 자신을 있는 그대로 바라보지 못했다. 처음에는 그 사실마저 부인했다. 괜찮은 척, 아무렇지 않은 척했지만, 이러한 나를 직면하려고 했다. 그러나 나는 어릴적 나를 만나지 않았다. 거부했다. 보기 싫었다.

지금 내 아들이 무척 나와 닮았다. 가는 팔목도 비슷하고, 잔꾀를 부리며 거짓말을 하는 것도 비슷하고, 화가 나면 어쩔 줄 몰라하여 눈물부터 흘리는 면도 비슷하다.

나는 여전히 나 자신이 긍정되지 않는다. 그래서 열심히 해야만 인정받는 것 같고, 누군가에게 도움이 되어야 한다는 생각이 가득차 있다. 내가 하는 일을 제외한 나 자신을 긍정적으로 받아들이는 것이 어렵다. 아니, 무의식적으로 거부하고 있고 회피하고 있다. 퇴직이라는 사건에 대해서 여전히 '작업 중'이다. '작업 중'이라는 것은 지금도 진행형이라는 의미이다.

오늘 나는 그러한 나를 만나려고 했다. 그러나 내가 나 자신을 바라보는 것을 거부했다. 보기 싫었다. 머리로는 알았지만 내가 나 자신을 따뜻하게 맞아 주지는 못했다. 그러나 나 자신이 가엾다는 생각은 들었다.

지난주부터 한쪽 마음에 묵직한 것이 뭉쳐 있는 것 같다. 내담자가 되었던 나를 관찰하신 기초상담실습의 교수님이 내게 말씀하셨다.

"선생님의 현상이 아주 자연스러운 거예요. 더 가벼워질 수도 있고요. 더 무거워질 수도 있어요."

나 자신을 있는 그대로 바라보는 일은 말처럼 쉽지 않음을 알게 되었다. 그래도 해야 한다는 것은 알고 있다.

상담회기를 모두 마친 나에게 상담자 선생님이 해 주신 말씀이 떠오른다.

"선생님, 선생님 자신으로 살아가려는 지금이 보기 좋아요."

부모님과는 어때?

10.

엄마 100%

 선빈이의 이슈는 관계였다. 특히 엄마였다. 나는 칠판에 100이라는 숫자를 썼다. 아이는 내가 무슨 말을 하려는지 궁금해 하는 눈치이다.
 "만약 100점을 받았어. 누가 제일 먼저 생각이 나는지를 적어 봐."
 아이는 엄마, 학원 선생님, 친구들 순서로 적었다. 생각났던 사람 전체를 100%라고 한다면 엄마, 학원 선생님, 친구들에게 각각 점수를 부여해 달라고 했다. 아이는 엄마 80%, 학원 선생님 10%, 친구들 10%라고 부여했다.
 다음 질문은 50점을 받았을 때, 즉 시험을 못 봐서 기분이 나쁠 때 생각나는 사람을 적어달라고 했다. 아이는 엄마만을 적었다. 다른 사람은 없다고 했다.
 "엄마 100%."
 이 아이는 기쁜 소식에도 '엄마!' 불편한 소식에도 '엄마!'였다.
 사회학습이론에 따르면, 주위 사람들이 하는 행동에 따라서 자신이 대상을 대하는 태도가 달라진다고 한다. 한 실험에서, 인형을 세워

놓고 지나가는 사람이 그 인형을 대하는 것을 아이들이 보게 했다. 사람들이 어떤 인형을 발로 차는 것을 관찰하면 아이들은 그것을 발로 차곤 했다. 그리고 어떤 인형을 안아주고 쓰다듬어 주면 아이들은 그것을 쓰다듬었다. 즉 자신의 행동과 감정을 타인으로부터 배우고 자기 것으로 만드는 것이다.

아이는 자신의 감정의 기준을 엄마의 반응으로 삼고 있었다. 나는 아이에게 시험이 끝나면 듣고 싶은 말이 있는지를 물었다. 아이는 '수고했다'는 말을 듣고 싶다고 했다.

사람이 태어나면 부모의 보호를 받는다. 부모는 아기를 먹이고 입힐 것이다. 스스로 의식주를 해결하지 못하는 아기에게 부모의 보호는 절대적이다. 그러기에 아기는 부모의 반응에 민감하게 된다. 자신의 생명과 직결되기 때문이다. 그래서 아이는 본능적으로 부모의 기대를 맞추려 한다.

아이가 신체적, 정서적으로 성장하여 스스로 걷고 밥을 먹으며 인지가 발달하게 되면, 부모의 판단에 의존하기보다는 자신의 판단이 점점 커지게 된다. 전두엽이 커지면서 '나'에 대한 지각이 발달하게 된다. 전에는 부모의 말을 무조건 따랐으나, 자신이 스스로 생각하게 된다. 이때는 부모의 뜻보다는 친구들과 자신이 속한 공동체의 뜻을 더 따르게 된다. 그 공동체 안에서 '내가 누군가?'라는 질문과 답을 하게 된다. 그들의 관계 속에서 자신을 정의하고 자신이 누구인지를 찾아가게 된다.

시험점수가 아이들의 평가 기준이 되고, 힘, 능력이 된다. 시험점수로 상급학교 진학 여부가 결정되기에 그러한 사회와 문화적인 배경을 보면서 아이들은 성적이 힘이 된다는 것을 알게 된다. 또한 부모님들도 자신의 아이가 어디서나 사랑받고 존중받기를 바란다. 그러기 위해서는 자신의 아이가 좀 더 능력 있고, 좀 더 풍족하여 받기보다는 주기를 바라며, 누군가의 리더가 되기를 바란다.

아이들은 조금씩 자신의 성공이 부모의 성공이 됨을 깨닫는다. 특히 관계지향적인 아이들인 경우에는 자신의 것을 양보하고 희생하면서까지 타인의 기분과 욕구를 맞춤으로써 자신의 자아정체성을 확인받으려 한다. 즉, 상대의 반응에 민감하다.

이러한 아이들에게 자신의 실패 혹은 낮은 성취는 곧 관계와의 단절에 대한 두려움을 갖게 한다. 시험점수를 받으면 가장 먼저 떠오르는 사람이 부모님이라고 하는 아이들. 시험을 보았다는 사실이 아니라, 점수로 인해서 그동안 미뤄 놨던 모든 평가들이 점수로서 눈에 먼저 들어온다.

한 아이가 있다. 부모님 말로는 이 아이에게 시험점수를 절대로 물어볼 수 없다고 한다. 점수를 물어보면 짜증을 내기 때문이다. 그 아이에게 "점수가 몇 점이니?"라는 질문은 "너는 몇 점짜리니?"로 여겨질 것이다. 자기 자신과 점수를 동일화하는 이 아이에게는 자신의 상대평가 점수와 등수가 마치 자기 자신이 상대적으로 얼마나 쓸모없는지를 보여 주는 숫자일 것이다. 어떤 아이는 성적표를 받자마자 확인하지도 않고 찢는 아이들도 있다. 쓸모없는 자기 자신을 찢어 버리는 듯한 기분일 것이다.

내가 한번은 심리상담 중에 심리검사표의 결과를 받은 적이 있다. 그 검사는 단지 사람의 성향을 나타내는 것이다. 그런데 심리검사 결과를 듣는 나의 마음이 편하지 않았다. 그냥 나의 성향이 어떤가라는 것에 대한 결과임에도 불편한 마음이 들었다. 나는 스스로 특별한 존재이고 싶으나, 심리검사는 나에게 무엇이 문제인지를 지적하고, 내가 특별하지 않다는 것을 알려 주었다. 심지어 나는 그 불편한 마음으로 인하여 심리검사 자체의 공정성을 의심하고 받아들이고 싶지 않았다.

11.

엄마한테 물어보세요

실제 학원상담에서는 대부분 엄마가 상담하고 이야기를 주도한다. 엄마가 아이에 대한 정보가 더 많기 때문이다. 대부분의 상담장면에서는 엄마는 이야기하고 아이들은 가만히 엄마의 말을 듣는다.

"우리 아이가 이번에 수학을 몇 점 받았어요."

"우리 아이는 착한데 공부를 안 해요."

"우리 아이가 왜 이럴까요?" 등등.

아이 입장에서 자신의 문제로 학원에 상담을 온 것은 그리 유쾌한 상황이 아닐 것이다. 자신에 관한 이야기가 수학이고, '이번에 점수가 몇 점이다', '계속 점수가 떨어졌다', '집중력이 없다', '계산 실수가 잦다' 등의 평가적인 말을 들어야 하며, 처음 보는 낯선 사람에게 자신이 부족하다는 것을 알려 줘야 한다.

대학원 집단상담 시간이었다. 집단원들은 돌아 가면서 서로의 이야기를 나누고 있었다. 그 날은 내 스스로 이야기에 개입하지 않겠다고 다짐하고 있었다. 그런데 어쩌다가 내가 화제가 되었다. 나에 대한 평가가 각자의 입에 오르내렸다. 나는 그 주제가 어서 지나갔으면 하는 마음이 들었다. 불편했기 때문이다. 그리고 그 불편함이 꽤 오래 지속되었다. 나의 불편한 마음의 깊숙한 이유를 들여다보니 내가 누군가에게 잘 보이고 싶고 좋은 것만을 보여 주고 싶은 마음이었지만, 오고가는 이야기가 내 기대와는 다른 이야기였던 것이다.

학부모 상담 중에 나는 아이의 표정을 살핀다. 간혹 아이들의 표정이 어두운 경우가 있다. 말이 없다. 눈은 아래를 본다. 여학생 같은 경우는 자신을 방어하기도 하고 엄마의 말에 반박하기도 하지만 남학생 같은 경우는 대부분 말이 없다. 표정도 없다. 어떤 경우는 간혹 엄마에게 눈 흘기기도 하고 혼잣소리를 내뱉기도 한다.

사람이 자신의 의사를 표현하는 방식에는 언어적 메시지와 비언어적 메시지가 있다. 언어적 메시지는 말과 글이다. 비언어적 메시지는 눈 마주치기, 얼굴 표정, 고개 끄덕이기, 몸의 자세, 몸의 움직임, 침묵 등이다. 정보전달에 목적이 있는 언어는 정확하고 구체적인 표현이 중요하다. 그러나 자신의 감정을 표현하는 것은 말과 글 이외의 것이 더 영향을 미칠 때가 있다. 심지어 어떤 연구자들은 비언어적 행동이 언어적 행동보다 감정의 의사소통에서 더 중요하다고 제시했다. 이들은 언어적 표현보다 비언어적 표현이 진정한 감정을 더 잘 나타내며, 언어적 행동과 비언어적 행동 사이에 불일치가 있을 때 진정한 감정의 지표로 더 믿을만하다고 했다.[1]

아이들은 부모의 인정과 기대를 바란다. 하지만 자신의 성적을 보면 부모의 사랑과 지지를 받을지 불안해진다. 학교에서도 아이들끼리 성적으로 서열이 생긴다. 어떤 친구들은 자신의 존재감을 성적에서 찾는

---

1 Clara E. Hill, 『상담의 기술』(Helping skills: facilitating exploration, insight, and action), 주은선 역 (서울: 학지사, 2012), 130.

다. 공부를 잘하면 칭찬을 받고, 혹시라도 잘못을 하더라도 실수로 여겨지는 관용을 받는다. 이러한 분위기에서 자기 자신도 무언가를 잘해서 칭찬받고 인정받고 싶어진다. 그러나 현실이 그렇지 못하다. 아이들은 이러한 존재적인 불안이 있는 상태에서 성적표를 받고, 이로 인해서 학원으로 끌려 온다. 학원도 낯설고 선생님도 낯설다.

아이들은 오늘도 이야기한다.

말과 글로 혹은 몸짓으로써,

심지어는 아무 말도 하지 않음으로써.

부모님과는 어때?

12.

부모의 행복

나는 선빈이에게 물었다.
"누가 부모님을 행복하게 해야 할까?"
아이는 자신 있게 대답했다.
"제가요."
나는 웃으며 "네 말이 맞다"고 했다. 그리고 덧붙였다.
"그런데 부모님 스스로 행복해 지실 수도 있어."
행복론을 가르치는 최인철 교수가 행복이라는 주제로 학교에 특강을 왔었다. 그가 말하는 행복이란,

① 관계가 잘 형성된 삶(여기에 가족이나 친구가 중요하며 동료나 비지니스 파트너는 관계형성이 쉽지는 않다).
② 남과 비교하기보다는 남과 동행하기(점수나 성과를 비교하지 않는다).
③ 특정 활동이 많은 삶. 예를 들면 공간과 장소를 이동할 수 있는 여행이나 산책이 좋고 TV 시청, 게임, SNS 등을 줄인다.

④ 작은 것을 소중하게 생각하는 마음(로또나 대박보다는 소소한 것을 자주 경험하는 것이 중요하다).

그가 말하는 행복이란 관계가 잘 형성되고, 동행을 즐기며, 특정 활동이 많고, 작은 것을 소중하게 여기는 것이다. 행복은 상대적이고 문화적인 것이며 시대마다 다르다. 부모님 세대는 밥을 더 먹으라는 것이 사랑의 표현이었다. 그때는 밥을 먹고 배부르면 행복할 것이라고 생각했고, 실제로 그것으로 행복하고 만족해했다. 그러나 오늘날 우리 아이들은 정서적이고 심리적인 만족을 행복으로 여긴다. 그러다 보니 밥을 적게 먹고 몸매를 신경쓰며 관리하는 것이 미덕이 되기도 한다.

학원에 오신 부모님들과 상담을 하다 보면 부모님들의 삶이 느껴진다. 부모님들은 직장에서 주는 어려움, 관계에서의 상처, 미래에 대한 불안, 이러한 것들을 우리의 아이들은 겪지 않으면 하는 마음을 갖고 있다. 부모인 자신이 후회하는 것을 자녀들이 겪지 않도록 자녀들이 좀 더 노력하여 성취하고 성공함으로써 값진 인생을 살기 바란다.

분명히 자녀가 주는 기쁨이 있다. 즐거움이 있다. 아니, 자녀라는 존재가 축복이요 감사요 기쁨이다. 그래서 자녀들을 위한 희생과 노력이 아깝지 않다. 내가 고통스럽더라도 자녀들이 행복하고 기쁘다면 이것을 기꺼이 감당할 준비와 마음을 가지고 있다. 그만큼 자녀가 자신의 뜻대로 되지 않거나, 자녀가 힘들고 괴로워하는 것을 고통스럽게 여길 것이다.

아이들은 성장하면서 부모로부터 신체적, 심리적, 정서적으로 분리된다. 그것은 아이가 부모의 말을 점점 듣지 않는다는 것을 의미한다. 부모의 의견보다는 자신의 의견이나 친구와 동료들의 목소리가 더 옳게 여겨진다. 독립의 자연스러운 과정이다. 반면에 힘든 세상을 살아가고 헤쳐 나가다 보면 부모라는 무조건적인 품과 안식처를 그리워할 수도 있을 것이다. 그 품과 안식처가 돌봄이다.

　선빈이는 부모의 영향을 많이 받고 있었다. 자기 자신의 모습을 부모, 특히 엄마로부터 투영받았다. 엄마가 행복한 것이 나의 행복이고, 엄마가 힘든 것이 나의 힘듦이었다. 자신의 성공과 행복을 엄마의 것과 동일시했다. 시험을 잘 봐도 엄마 얼굴이 떠올랐고, 시험을 못 봐도 제일 먼저 떠오르는 사람이 엄마였다. 아이는 엄마를 위해 자신의 힘든 이야기를 하지 않고 늘 긍정적으로 보이려고 애쓰고 있었다.

　엄마도 자신을 알아주고 이해해 주는 자녀가 있으면 의지하게 되고 감사할 것이다. 한편으로는 이 아이가 곧 내 품을 떠날 것을 머리로는 알고 있지만, 그것이 잘 안 될까 봐 두려울 것이다. 부모는 아이가 그렇게 힘들어한다는 수학을 위해 내가 도와줄 것이 없을지, 학원을 보내면 잘 할 수 있을지, 좋은 선생님을 만나게 하면 될지, 이 아이가 헤쳐 나갈 세상은 어떨지, 내 부족한 것이 아이에게 전달되지나 않을까 봐, 혹은 부모인 자신의 부족함으로 이 아이가 혹시라도 세상에서 좌절하면 어떡할까 오늘도 염려와 걱정을 한다.

　아이에게는 자신의 성공에 함께 기뻐해 주고, 자신의 슬픔에도 같이 슬퍼해 주는 엄마가 있다. 아이를 위해서라면 엄마는 자신이 아프고 힘들어도 기쁠 수 있다. 곧 아이는 점점 엄마를 떠나게 될 것이다. 아이는 엄마의 자리를 다른 무엇으로 채울 것이다. 자연스럽게 독립이 일어날 것이다. 그러한 자연스러운 멀어짐으로 서로의 행복을 채울 수 있으며, 채워진 행복으로 서로에게 더욱 다가갈 수 있을 것이다.

13.

부모가 바라는 것

 선빈이는 이번 중간고사 점수를 확인했다. 성적이 지난번보다 떨어졌다. 이 결과를 부모님에게 어떻게 알려야 하는지 불안해하고 초조해했다. 나 역시 아이의 시험 결과에 따라 나에 대한 평가가 좌우된다. 잘 본 경우라면 다행이고 후련하기도 하지만 그 반대인 경우는 실망스럽다. '내가 무엇이 부족한가?' 하는 생각이 든다.
 시험 결과를 통해서 힘들게 공부한 것에 대해 보람을 느끼고, 그 결과로 부모님을 기쁘게 해야 한다는 것이 아이들의 생각 중 하나이다. 어릴 적 부모는 자신의 거울이다. 부모가 자신을 보는 태도와 표정이 아이의 자기 정체성이 된다. 그래서 아이는 자연스럽게 부모의 마음과 욕구를 맞추려고 노력한다. 청소년기가 되면서 자신의 성과로써 부모님을 기쁘게 해야 한다는 생각을 하게 된다.
 오래전 이야기이다. 한 아이가 시험을 망치고 돌아온 자신에게 '너에게 들어간 학원비가 얼만지 아느냐?'라는 부모의 말에 상처를 받고 오랫동안 힘들어했다. 부모님이 속상한 마음에 말한 여러 가지 말 중에 한마디일 것 같지만, 아이에게 자신이 기대에 미치지 못한 상황에서 듣는 아픈 말은 무척 힘들게 다가온다.

시험을 끝낸 아이에게 "네가 가장 듣고 싶은 말이 뭐냐"고 물었다. 그 아이는 '수고했다'라는 이야기를 듣고 싶다고 했다. 대부분의 수포자는 부모의 기대에 미치지 못했다는 좌절감을 갖고 있다. 부모의 기대가 너무 커서 만족을 시키지 못하거나, 스스로 생각하는 의무감이 너무 커서 그것을 피해 도망다니는 것이다. 그리고 이미 늦었다고 생각한 공부를 다시 시작하는 것은 여간 큰 도전이 아니다.

나는 아이들과 부모님을 만난다. 부모님이 아이에게 가장 바라는 것이 무엇일까?

맥아더가 자녀를 위해 한 기도처럼, "우리의 아이가 약할 때 자기를 아는 강인함과, 두려울 때에 자신을 잃지 않는 용기를 갖고, 정직한 패배에 굽히지 아니하고 일어서며, 승리에 겸손하고 온유할 수 있는 아이"가 된다면 어떨까?

아마도 대부분의 부모가 내 아이가 이렇게 성장하기를 바라고 지금도 애쓰고 있을 것이다.

부모가 바라본 혹은 경험한 사회가 점점 복잡하고 예측할 수가 없어진다. 그래서 부모는 자신의 아이가 좀 더 능력이 있고, 지식과 인격을 겸비하며, 다른 사람을 이끌 수 있도록 성장하면 좋겠다고 생각한다. 그 방법 중의 하나가 학습이고, 성적에서 두각을 나타내는 것이다.

나는 아이에게 이야기를 했다.

"시험 결과가 좋지 않은 것 때문에 실망스러울 것 같다. 열심히 한 만큼 시험을 잘 봐야 노력한 보람도 있고 동기가 부여될 텐데. 속상하고 화도 날 것 같다.

그렇다면 부모님이 네게 정말 바라시는 것이 뭘까?"

아이는 대답을 잘 못한다. 나는 이야기했다.

"네가 어디서나 존중받고 사랑받는 것을 바라실 거야. 이 결과가 너에게는 실망스럽겠지만, 부모님이 너를 사랑하고 존중하는 데는 큰 문제가 되지 않을 것 같다. 내 아이가 시험을 못 보더라도 나는 똑같이 이야기를 할 거다. 다음이라는 기회가 있으니 혹시 이번 시험 경험을 통해 얻어야 할 것이 있다면 얻자. 나도 너를 존중한다."

부모님과는 어때?

14.

감정형 부모 vs 논리형 부모

성격은 개인의 욕구, 자아개념, 성취동기, 포부수준 등의 여러 가지 요인을 포함하는 복합적인 심리적 특성이다. 성격유형을 다양하게 분류할 수 있다. 특히 MBTI는 내향과 외향(E-I), 감각과 직관(S-N), 사고와 감정(T-F), 판단과 인식(J-P)의 네 차원을 중심으로 우세한 특성을 조합하여 16가지 성격유형으로 나타낸다. 성격유형을 알면 대인관계나 의사소통에 유용하게 사용될 수 있다.

부모와 자녀 사이도 마찬가지이다. 서로의 유형이 비슷하다면 서로 이해하기가 쉽겠지만, 서로 다르다면 서로의 차이로 인하여 보완관계가 되기도 하고 혹은 갈등을 일으킬 소지가 있는 것이다.

아래 표에 감정형 인물과 사고형 인물의 특징이 나타나 있다. 감정형 인물은 사람 사이의 기쁨과 즐거움 등이 일의 동기가 된다. 반면에 사고형 인물은 그것이 해야 할 일인가, 그렇지 않은가에 따라 일을 시작하기도 하고 그렇지 않기도 하다. 감정형 인물은 서로 비판적이거나 적대적이라는 느낌이 들 때 일의 능률이 저하되고, 사고형 인물은 목적이 변질되거나 갑자기 방향이 바뀔 때 혼란스러워하고 어찌할 바를 모르게 된다.

	감정형	사고형
일의 동기	기쁨, 즐거움.	의무.
능률이 오를 때	서로 도와가면서 일이 되는 것이 보일 때.	일하는 과정에서 성과가 오르는 것이 보일 때.
능률이 저하될 때	서로 비판적이고, 적대적이라는 느낌이 들때.	가치 있는 일의 목적이 변질되거나, 방향이 갑자기 바뀔 때.
감정에 대한 태도	일도 중요하지만 감정을 존중받고 싶다.	감정은 이해하지만 최대한 이성적으로 생각한다(현실이 중요).
일에 대한 태도	사람을 중요하게 생각하면 일은 자연히 따라온다.	할거면 제대로 하고, 아니면 하지 말고(책임감 중요).
사람에 대한 태도	설령 일을 포기하는 일이 있더라도 사람을 얻어야 한다.	일보다 사람이 우선이다. 그러나 일을 무시하면 안된다.
좌우명	하고 싶은 일을 해야 능률이 오른다.	가치 있는 일에 최선을 다하고, 나 자신에게 정직하자.
절망한 청년들에게 해 주고 싶은 말	흔들리지 않고 피는 꽃이 어디 있으랴.	실패는 성공의 어머니다. 인생은 길다.
견딜 수 없는 상황	나를 받아 주는 사람이 없을 때 (나를 고치려는 사람들과 함께 하는 경우).	이중적인 사람과의 관계(겉과 속이 다른 경우).
마음의 움직이는 요인	일체감.	책임감.

어떤 사람은 하고 싶은 일이 있으면 서슴없이 시작하는 편이다. '하고 싶은 일'에 최선을 다한다. 그러다가 엔진이 꺼졌거나 열정이 식었다고 판단이 들면 그것을 그만둔다. 그만두는 이유는 시작할 때 동기와 마찬가지이다. 즉 억지로 하는 것은 서로에게 도움이 되지 않는다

는 판단이다. 어려울 때 누군가로부터 도움을 받는 것은 좋게 여긴다. 서로 교류가 되기 때문이다. 반면에 일을 자신의 방식으로 하려고 한다. 매뉴얼을 보기 싫어한다. 어떤 역할에 자기 자신을 한정 짓는 것을 불편해한다. 그래서 업무 경계가 불분명해져 내가 할 일도 남의 일이 되고, 남의 일도 내 일이 된다. 공동체 내에 비판적인 분위기가 형성이 되면 동기가 떨어지곤 한다.

반면에 사고형은 목표와 역할을 중시하는 스타일이다. 자기에게 주어진 '역할'을 중요하게 생각한다. 그 역할에 맞추어 자신을 변화시킨다. 맡은 일은 최선을 다해서 납기일을 꼭 지킨다. 그리고 '주어진 일'에 최선을 다한다. 자신이 할 수 없는 일이라도 해도 최선을 다해서 만들어 낸다. 그 사람에게 일이 주어진다는 것은 '완성'을 의미한다. 그래서 일을 더 맡게 되고, 인정을 받게 된다. 어려운 일을 닥친 동료를 나서서 도와주기보다는 그 동료가 어려움을 이겨내 성장하기를 바란다.

하지만 창의적인 생각을 안 하는 편이다. 그리고 자신의 의견을 '월권'하여 내려 하지 않는다. 왜냐하면 그것은 '권위자'에 대한 예의가 아니라고 판단하기 때문이다. 또한 창의적인 생각은 '원칙에 어긋나는 것'으로 받아들여 무척 불편하게 여긴다. 좋은 생각도 책임자의 승인을 기다리다가 타이밍을 놓치기도 한다.

사고형 자녀와 감정형 부모 사이라면, 부모는 자녀가 좀 더 사람을 좋아하고, 자신의 마음을 이해해 주었으면 하는 바람이 있을 것이다. 반면에 자녀는 부모가 일관성 있는 기준을 제시해 주고, 책임감을 가지며, 약속 지키기를 바랄지도 모른다.

반면에 감정형 자녀와 사고형 부모라면, 부모는 자녀가 약속을 잘 지켜 주고, 어느 틀을 벗어나지 않으며, 자녀의 변덕과 무책임에 대해서 걱정하고 염려할 수도 있다. 반면에 자녀는 부모가 자신을 구속하고 자유를 주지 않으며 칭찬과 격려에 인색하다는 아쉬움을 가질 수도 있다.

감정형은 사람으로부터 에너지를 받으며, 사고형은 사물의 이치나 논리에서 힘을 얻는다. 그러나 그 두 가지는 각각 불완전하지만 서로 협력하는 관계에서는 서로 보완을 해 준다.

15.

부모도 사람이다

상담현장에서도 꼭 탐색해야 하는 부분은 부모와의 관계이다. 또한 청소년기에 형성된 부모와의 관계는 청소년기를 넘어 성인기에도 큰 영향을 미치곤 한다.

한 청년을 만났다. 그는 이름없는 곳에서 계약직으로 일을 하고 있다. 반면에 그의 부모는 안정적이고 이름있는 곳에서 일하기를 바라고 있었다. 청년은 부모의 기대를 충족시키고 싶었으나 그렇지 못한 것에 대한 죄책감과 좌절감을 호소했다. 그 좌절감의 표현은 바로 부모를 표현하는 언어 습관이었다.

"저희 부모님은 항상…."

"아버지는 저에게 항상…."

그 청년의 말을 빌자면 그의 부모님은 '항상' 자신의 직업을 못마땅하게 여겼고, '언제나' 더 열심히 노력하라고 재촉했다. 그는 자신의 부모님이 '지금도' 그러실 거라고 확신하고 있었다. 그는 자신의 의견을 강하게 주장하지 못하면서도 자신이 부족하다는 사실에 대해서는 강한 확신을 갖고 있었다. 게다가 자신이 부족한 근거로 부모님을 예로 들고 있었다.

우리말에는 없지만, 영어에는 동사를 현재형과 현재 진행형을 구분하며 표현한다. 예를 들어, "He smokes"의 의미는 "그는 담배를 핀다"이다. 반면에 "He is smoking"은 "그는 담배를 피고 있다"는 진행형의 의미가 있다. 여기에는 '그는 평소에는 담배를 피지 않는다'는 속뜻이 있다. 즉 '저럴 사람이 아닌데?'라는 뜻이 담긴 것이다.[2]

나 역시 부모로서 아이들에게 상처를 줄 만한 말과 행동을 하거나 비교급의 말들을 한다. 하지만 내가 항상 그런 것은 아니다. 심한 말을 하고서 후회하기도 하고 혹은 잘못했다고 사과하기도 한다. 그래서 이런 언행은 현재 진행형의 함의를 갖고 있다. 즉 지나가는 것이다.

실제로 상담이론의 현실치료 기법[3]의 핵심질문중 하나는 '동사로 표현하기'이다. 가능한 '선택'의 인식을 심어 주기 위해 능동태나 진행형 동사를 많이 사용하는 것이다. 청년과 나는 말싸움을 시작했다.

"아버지는 저를 (항상) 인정하지 않으셨어요."

"다시 해 볼래?"

"아버지는 저를 인정하지 않으셨어요."

"현재 진행형으로 해 볼래?"

"아버지는 그때 저를 인정하지 않고 계셨어요."

청년의 언어 습관이 바뀌었다.

"아버지는 그 당시에 저를 인정하지 않고 계셨어요. 그런데 지금은 저를 걱정해 주세요."

---

[2] '정철영어성경학교' 수료교육 중 들은 내용이다.
[3] 윌리엄 글래서(William Glasser, 1925~). 윤순임 외 14인, 『현대상담·심리치료의 이론과 실제』 (서울: 중앙적성출판사, 2011), 제10장 현실요법.

"어머니는 그때 제 시험 결과에 실망하고 계셨는데, 곧 격려해 주셨어요."

그의 아버지는 자신을 인정하는 분이시며, 어머니는 자신의 시험 결과에 연연하지 않으셨다는 사실을 발견했다. 좀 더 이야기를 나누다 보니 자신의 일을 통해서 부모님의 인정과 사랑을 받고 싶은 욕구가 발견되었고, 그는 스스로에게 좀 더 솔직해질 수 있었다.

부모도 사람이다.

그러기에 아이들에게 무심코 상처의 말을 내뱉을 수 있으며, 혹은 표정이나 행동으로 상처를 줄 수 있다. 아이들은 이러한 부모의 모습에 실망하거나 좌절할 수도 있다.

하지만 아이들이 부모를 언제나 그러한 존재로 낙인 찍을 것이 아니라 부모가 당시에는 그랬겠지만 여전히 나를 사랑하고 인정하며 존중해 줄 거라는 긍정적인 확신을 가지길 소망해 본다.

16.

부모의 어릴 적 꿈

한 아이의 아버지가 학원을 방문하셨다. 그의 직업은 기술계통의 일이었다. 나는 오래전부터 이분과 친분을 쌓아 왔기에 스스럼없이 아이들 이야기를 시작했다. 아이의 목표는 사관학교에 입학하는 것이었다. 하루는 학원 독서실에 꽂혀 있는 아이의 책들을 살펴볼 기회가 있었다. 책상에는 철학서적, 사상에 관한 책들, 솔직히 나는 읽기 힘들어하는 책들이 놓여 있었다.

나는 그동안 관찰한 그 아이에 대해 얘기하면서 아이의 성향을 알려 드렸다. 그는 곰곰이 나의 이야기를 듣고 계셨다. 나는 문득 그가 궁금해졌다.

"아버님은 꿈이 무엇이셨어요?"

잠시 망설이더니 이야기하셨다.

"소설가였어요."

그는 경상도 출신의, 조금은 무뚝뚝한 분으로서 자신의 아이들이 언제나 부족했고 공부를 전혀 안 한다고 표현했지만, 그 속마음은 여리고, 따뜻하고, 감성이 있으셨다. 그 역시 자신의 부모님이 원하는 직장에 들어갔고, 그것이 최선이었다고 생각하셨다. 마음속에는 이루지 못한 자신의 꿈이 있었다. 그렇게 자신은 부모님이 원하는 삶을 살아가면서 자신의 아이들만은 자기의 꿈을 찾아가기를 바라는, 평범하고 자상한 우리네 아버지셨다.

아이는 자신의 목표를 아버지를 위한 것이라고 생각할지 모른다. 정작 아버지는 아이들이 스스로 원하는 것을 이루기를 바란다. 그러나 아버지는 스스로의 욕구에 충실해 본 기억이 없다. 그런 경험을 가질 수 없었을 것이다. 의식적으로는 자녀가 원하는 것을 얻으라고 말하겠지만, 누군가를 위하여 희생하는 것이 익숙한 삶의 방식이었을 것이다. 그래서 소설가의 꿈과 지금의 현실 간의 차이를 여러 가지로 해석하여 합리화하였고, 그 모습을 아이들이 알게 모르게 받아들이고 있을 것이다. 아버지는 자신의 꿈을 이루지 못했고, 아이도 자신의 꿈을 수용하지 못했다. 자신의 꿈을 양보하는 것이 서로를 위한 최선이라고 생각하고 있을지도 모른다.

어릴 적 아이는 힘이 없다. 부모는 아이에게 먹을 것, 입을 것이다. 즉 생명이다. 부모를 거역하는 것은 곧 죽음을 의미한다. 아이가 성장하면서 스스로 선택하고, 스스로 모험하면서 부모로부터 독립한다. 하지만 몸과는 다르게 마음이 자라지 않은 성인아이가 되어 출처도 불분명한 어릴 적 권위자의 생각을 무조건적으로 따르면서도, 선택에 대한 책임을 지지 못하고 있다.

하루는 이웃집 아주머니가 우리 집에 놀러왔다. 그녀는 무척 유쾌하고, 개그콘서트의 모든 코너들의 유행어를 적시 적소에 사용할 정도로 언어 감각이 뛰어났다. 최근에는 무료 미술 강좌를 배우러 갈 정도로 적잖이 미술에 대한 관심과 소질도 많았다. 대화 중에 그림에 관한 이야기가 나오자 무척 반가워했다. 자신이 그림을 좋아하지만 잘 못

그린다는 점, 어릴 적 그림으로 상 받아 칭찬 받은 경험 등을 신나게 이야기했다. 그런데 그런 이야기를 실컷 하면서도 의식적으로 화제를 다른 곳에 돌리곤 했다.

나는 문득 궁금했다.

그림에 대한 열정도 있고, 언어에 대한 재능도 있는데, 왜 무의식적으로 그것을 굳이 숨기려 들었을까?

나는 그 아주머니에게 혹시 그림 그리는 것에 대해서 부모님으로부터 들은 이야기가 있는지를 물어봤다. 한참을 생각하던 아주머니는 하나의 기억을 떠올렸다. 자신의 엄마가 자신을 바라보며 '화가는 가난한 직업이라서 그림 그려서는 돈을 못 번다'고 말했다는 것이다. 아주머니는 그 당시 그 눈빛도 기억하고 있었다. 그 아주머니는 그 이야기를 하면서 본인의 무릎을 친다.

"그랬구나. 내가 그랬어. 맞아 맞아."

혼자서 여러 번 고개를 끄덕이더니 혼잣말로 중얼거렸다.

"내가 그래서 그림 그리는 것을 아직도 두려워하는구나."

어릴 적 자신이 원하는 것이 있었고, 결국 그것을 이루지 못하여 자신의 자녀들은 그러지 않기를 바라면서도, 정작 자기 자신은 욕구를 발견하고 표현하며 지지받는 경험이 없는 부모들의 모습이다.

부모님과는 어때?

17.

동행 일기(3)

아이는 내게 수학 점수를 보여 주었다.
나는 아이의 점수를 한참 보았다.
다른 과목에 비해 수학만 유난히 점수가 낮았다.
순간 많은 생각이 떠올랐다.
'내가 그래도 수학학원 원장인데 ….'
'부모님께는 뭐라고 설명해야 하나 ….'
아이가 나의 변화를 눈치 챈 것 같았다.
나는 아이에게 양해를 구했다.
"잠시 선생님한테 기도할 시간을 줄래?"
나는 성경을 들고 강의실을 나갔다.
그리고 기도했다.
'주님. 지혜를 주옵소서.'
다시 교실로 돌아온 나는 먼저 아이에게 사과했다.
"먼저 미안하다. 수학 점수를 보고 솔직히 놀랐어. 이런 나를 보니 너희들을 조건없이 사랑한다는 내 말은 거짓말이었던 것 같구나. 그리고 내가 수포자의 마음을 이해한다는 것도 거짓말이었어. 난 너희들의 마음을 잘 모르는 것 같네."

아이는 고개를 숙인다.

나는 말을 이었다.

"그런데 칭찬할 것이 세 가지가 있는데 ….."

아이가 고개를 든다.

"첫 번째로 정직하게 시험본 것.

두 번째로 시험 전 날까지 열심히 공부한 것.

세 번째로 점수를 내게 보여 준 거야.

이 세가지를 칭찬해 주고 싶다."

아이가 웃는다. 나는 아이를 데리고 팥빙수를 사 주었다. 팥빙수를 먹으면서 열심히 핸드폰을 하는 아이를 보며 아이 부모에게 문자를 보냈다.

> XX어머님. XX가 저하고 문제를 풀 때는 잘 풀었는데, 실수가 많았네요.. XX 입장에서는 실망스러울 것 같아요.. 앞으로 거쳐가는 과정이니 잘 이겨나가도록 기도하겠습니다. 또한 저 스스로도 부족함에 대해서 반성합니다. ㅠ

곧 답장이 왔다.

> 예~감사합니다~^^ 저도 XX에게 괜찮다고 잘했다고 했어요~ 원리 이해는 좋아졌는데, 문제 풀다가 끝까지 응용하는 부분에 아직 연습이 필요한 듯해요~^^; 관심써 주셔서 감사합니다~^^

문자를 받고 보니 문득 아이와의 첫 만남이 떠올랐다. 이 아이는 몇 군데 학원을 다녀 보고는 다시는 학원을 안 다니겠다던 아이였다. 그런 아이가 나를 만나고는 한번 다녀 보겠다고 용기를 낸 것이다. 그리고 이번 시험을 치른 것이다.

문득 아이에게 해 준 칭찬이 떠올랐다.

정직해 준 것.

끝까지 최선을 다해 준 것.

결과를 공개한 것.

어른인 나 조차도 못하는 거다.

너의 꿈이 뭐니?

너의 꿈은 뭐니?

18.

진학하면 끝?

　진학이란 현재의 교육과정을 이수하고 더 배우기 위하여 상급학교에 입학하는 것과 관련된 일체의 준비 행위를 말한다. 최근 입학사정관제 도입, 수시전형의 확대 등 대학입학 전형이 다양화, 복잡화됨에 따라 대학입학은 이전보다 더 고려할 것이 많은 중요한 진로의사결정의 주제가 되었다. 또한 학교 교육과정이 변화되고 고교 및 대학입학의 의사결정 시기가 빨라짐에 따라 많은 학생, 학부모, 교사가 진학을 위한 도움을 필요로 한다.
　예전에 비해서 진학의 방법이 다양화되었으나, 이로 인해서 불편함과 불안함이 늘어 고통을 호소하기도 한다. 진학을 잘하기 위해서는 학교에서 더 좋은 성적을 얻어야 하고, 이를 위해서 어릴 때부터 준비를 해야 한다는 강박을 갖기도 한다.
　한 엄마의 이야기를 들을 기회가 있었다. 아이가 특목고에 입학했는데, 이 아이를 유학을 보낼지 말지를 고민하고 있었다. 적절한 정보를 찾고, 주변과 상의해 보기도 했지만, 여전히 고민하고 있다고 했다.

또한 유학을 가더라도 그 후에 진로가 어떻게 변하고, 사회가 어떻게 될지 몰라서 확신이 서지 않는다고 했다.

이러한 진학에 많은 영향을 미치는 과목이 수학이다. 수학 때문에 원하는 것을 선택할 수도 있고, 반대로 피해 가야만 하는 경우도 있다. 그러다 보니 수학성적을 잘 받기 위하여 선행학습을 해야 된다는 생각, 어느 기준 이상을 시작해 놓아야 한다는 사회적인 긴장과 불안으로 수학을 대하게 된다.

하루는 자동차 정비소에 갈 일이 있었다. 자동차 정비소 주인은 동네에서 오랫동안 차 수리를 해 온 베테랑이다. 내 차를 보더니 내게 차 가격을 물어봤다. 나는 아는 사람으로부터 얼마 주고 샀다고 말했다. 그랬더니 그는 내게 "잘 사셨네"라고 하며 "이 차는 죽었다 깨어나도 이 가격에 못사요"라고 했다. 나는 그 말을 들으니까 기분이 좋아졌다. 조금 전까지만 해도 이 차는 고장 나서 나를 번거롭게 한 애물단지였는데, 차를 잘 샀다는 전문가가 말 한마디에 차가 달라 보였다.

이렇듯 진학의 결과로 사람의 평가가 달라지기도 한다. 어느 학교 아무개. 학교에 대한 평가가 곧 나 자신이라고 여겨진다. 그래서 내가 돋보이기도 하고, 그 반대일 수도 있다. 하지만 그 모든 것이 전문가의 말 한마디에 달라 보일 수도 있다. 정작 본인 자신은 바뀐 것이 없음에도 불구하고 말이다.

진학의 결과는 합격과 불합격으로 나뉜다. 그것이 성적순이든 혹은 추첨이든 진학의 결과는 합격과 불합격이다. 여러 군데 합격을 하더라도 결국 한 곳을 선택해야 한다. 혹은 다 떨어졌다고 생각했는데 추가로 합격할 수도 있다.

또한 합격하면 합격한 대로 불합격을 하면 불합격한 대로 새로운 과제와 맞닥뜨린다. 합격하면 가야 할 곳에서 적응해야 한다는 과제가 부여되고, 불합격하면 다시 한 번 진학의 과정을 겪으면서 자신을 돌아보며 점검하기도 하고 다른 대안을 확인하면서 자신의 진학문제를 맞닥뜨려야 한다.

   진학을 준비하는 과정에서 자신의 매력을 찾고, 자신의 강점을 찾으며, 이를 통해서 자기 스스로에게, 혹은 자신이 속한 공동체에게 유익을 주는 것으로 새로운 진학과 진로의 길을 찾고 그 과정을 흥미진진하게 겪어 본다면 어떨까?

19.

정보는 힘?

부모님들은 아이의 진학과 진로에 대한 올바른 결정을 내리기 위해서 오늘도 정보를 구한다. 진학정보를 찾기도 하고, 설명회에도 가 보고, 주변 엄마나 인터넷으로부터 정보를 얻기도 한다. 어떤 선생님이 어떻다는 정보가 족보처럼 떠돌기도 한다. 이것들은 모르는 것보다 많은 힘이 된다. 많은 정보를 가지는 것이 선택에 도움이 된다. 실제로 비즈니스 세계에서도 빅데이터라 하여 많은 정보를 분석하고 예측함으로써 더 많은 이윤을 창출하기도 한다.

그런데 잠깐 생각해 보게 된다.

정보가 많으면 올바른 결정을 할까?

『나는 왜 이 일을 하는가?』(Start with Why)의 저자 사이먼 사이넥(Simon Sinek)도 자신의 비즈니스 세계에서 이와 같은 고민을 한 것 같다.[1]

---

1 Simon Sinek, 『나는 왜 이 일을 하는가?』(Start with Why), 이영민 역 (서울: 타임비즈, 2013), 69.

과연 지식이 많으면 올바른 의사결정이 가능한가?

그는 이야기했다. 탁월한 기업, 탁월한 리더는 먼저 '왜'를 생각한다는 것이다. 그리고 그 후에 '무엇', '어떻게'를 생각한다는 것이다.

그렇다면 정보를 왜 찾는가?

그것의 '왜'에 대답을 하게 되면 '무엇'과 '어떻게'는 자연스럽게 따라오게 된다고 한다.

나는 수학학원 원장이다. 하지만 원생들을 늘리는 것에는 별로 관심이 없다. 어떤 때는 학원에 등록하겠다는 아이를 상담 후에 돌려보내기까지 했다. 나의 그러한 모습을 보면 나의 가장 가까운 사람들은 똑같은 이야기를 하곤 했다.

"어차피 그 아이들은 다른 학원이라도 다닐 거야. 그런데 왜 돌려보내?"

사이먼의 '왜'는 '사람들에게 영감을 불어넣어 일을 신나게 할 수 있도록 돕는 것'이었듯이 나의 '왜'는 '청소년에게 수학이라는 도구로 자신을 발견하고 자신답게 살도록 돕는 것'이다. 그러다 보면 어떤 때는 수학강사로서 수학적인 지식과 문제 풀이를 제공해 주고, 어떤 때는 상담가의 모습으로 정서와 심리를 지지해 주며, 어떤 때는 선배이자 형님처럼 나의 경험을 오픈하면서 아이들을 대해 주었다.

> 할 수 있다고 생각하든 할 수 없다고 생각하든, 당신의 말은 옳다
> (헨리 포드).[2]

같은 것도 사람마다 받아들이는 것이 다르다. 또한 같은 사람임에도 상황에 따라 받아들이는 환경이 다르다. 그러기에 객관성을 확보하는

---

[2] Simon Sinek, 『나는 왜 이 일을 하는가?』, 289.

것이 쉽지 않다. 사회심리학의 기본 가정은 상황에 따라 사람의 마음이 달라진다는 것이다. 즉, 자리가 사람을 만든다는 것이다. 그러기에 자기통제(self-control)는 유혹이 있는 환경에 접근하지 않는 것이다.

학업, 진학 준비, 시험 결과로 자신의 진로를 찾아야 하는 것, 이런 것들은 그리 편안하게 다가오지 않는다. 그리고 학원을 다녀야겠다는 결심과 결정의 대부분이 시험에서의 실패와 좌절로부터 오는 경우가 대부분이다. 이런 경우 우리가 얻는 수많은 정보 중에서 '나 자신'이라는 함정 때문에 잘못된 성급한 결정을 할 수도 있다. 자기 자신에 대한 긍정화가 되지 않은 상황에서 섣부른 결론을 내릴 수도 있다.

사회가 불만인 상황에서 찾아지는 정보는 이 사회의 부조리함일 것이다. 직장이 불안한 가운데 찾아지는 정보는 직장생활은 힘들고 괴롭다는 정보일 뿐이다. 지금 가진 것을 버리는 것만이 능력이라고 여기거나, 지금의 것을 비판해야만 자신이 똑똑하다고 여기는 오류를 범할 수 있다.

학교를 운영하는 많은 교육자들은 좋은 학생을 뽑기 위해서 고민하고 있다. 그래서 공정성을 기하고 합리적인 방법을 통해서 책임감을 갖고 선발 기준을 세운다. 그리고 점수와 성취라는 보이는 영역과, 그리고 성격과 인성 등의 보이지 않는 영역도 보려고 노력 중이다.

많은 학생들은 자신이 좋은 학생이고 그 학교에 필요한 학생임을 어필하기 위하여 지금도 열심히 노력하고 있다. 여러 가지의 지필고사를 통해서, 입시와 관련된 점수를 통해서 말이다.

"'왜' 그 학교를 가야하는가?"

이것에 대한 대답이 솔직하다면, 무엇을, 어떻게 해야 하는지 답이 나올 것이다.

20.

진짜 스펙

아이들과 진로에 관한 이야기를 하다 보면 묘한 공통점을 발견할 수 있다. 자신은 부족하니 채워야 할 존재로 인식하고 있고, 자기가 공부를 잘하는 것이 부모님을 기쁘게 하는 거라고 생각하고 있으며, 공부를 잘해야 더 좋은 학교에 진학을 하고 결국 좋은 곳에 취직하며 사회적으로 성공할 거라는 생각을 갖고 있는 것 같다.

나는 우연히 한 청년을 조언할 기회가 있었다. 이 청년은 자연과학을 전공하였고 대학을 졸업하였다. 유학을 다녀올 정도로 어학 실력은 갖추었으나 자신이 부족하다고 생각하였고, 부모의 기대에 부응하지 못하는 것 같아서 죄책감을 갖고 있었다. 반복되는 이력서 제출과 면접, 그리고 대기업 공채의 날짜를 기다리며 취직하지 못하는 자신에 대해 화가 나 있었고, 세간에서 떠도는 이야기들에 함께 반응하고 있었다. 토익과 자격증 공부에 열을 올리고 있었으나, 쌓아 갈수록 다른 이들과의 격차만 보이면서 답답해했다.

그런데 이 청년과 대화를 하면서 느낀 것은, 이 청년의 고민과 걱정에서 내가 가르치는 중·고등학생들의 사고방식(자기 자신, 부모, 진로에 대한 고민)의 패턴을 발견한 것이었다.

서점, 인터넷, 페이스북(facebook) 등에서는 어떤 이는 청년들에게 "도전하라", "시작하라", "멀리 봐라"라고 한다. 모두가 답이다. 그러나 그 답을 쳐다볼 힘이 없다. 그래서 그런 힘이 없다고 하면, 용기를 내라고 한다. 자신이 지고 있는 짐이 너무나 무겁게 느껴질 것이다. 당장에 그들의 짐을 같이 지워줄 누군가가 필요하다. 그 청년들도 학교 다닐 때는 그렇게 대학 가라고 다른 사람을 몰아간다. 그렇지 않으면 마치 패배자가 된 듯한 묘한 분위기를 만든다. 그리고 대학을 가니 취직 준비하라고 알게 모르게 나를 몰아간다. 그런데 대학도 졸업하고 나니 자기 자신이 누구인지, 무엇을 해야 하는지 모르겠다고 한다. 그리고 취직도 안 되니까 슬슬 눈치를 준다. 다른 사람들이 내게 눈치를 주는 것 같지만, 본인 스스로가 알아서 눈치를 준다.

살아가면서 자신 스스로 성장할 기회를 제공받는데 그때가 바로 바로 실패의 때요, 좌절의 때요, 갈등의 때이다. 누구나 실패하고 싶어 하지 않는다. 갈등의 자리, 좌절의 자리에서 어서 벗어나고 싶어한다. 그것이 두려워서 오늘도 자신의 존재의 가치를 성적, 업적, 관계, 인정 등에서 찾는 경우를 어렵지 않게 찾아볼 수 있다.

이 청년도 취직이 안 되고, 취업의 문턱에서 좌절하면서 힘겨워했다. 그동안 자기 자신을 발견할 기회를 갖지 못했고, 부모의 기대에 부응하려고 했으나, 현실이 그것을 허락하지 않았다. 그러면 그럴수록 자기 자신이 초라하고 비교당하는 것 같았다. 그러나 곧 부모의 기대와 사회의 명령이 자기 마음에서 고정된 생각임을 발견하고 자기 자신을 긍정하기 시작했다. 자신을 다시 바라보기 시작했다.

이 청년의 강점은 '걷기'(walking)였다. 얼마나 잘 걷는지를 측정하지

앉았고 측정할 기회도 없었다. 이 청년은 어릴 적 유치원 때 한강다리를 혼자서 왕복한 적이 있고, 그 경험을 추억하고 있었다. 그리고 걷기를 통해서 유익한 일을 많이 할 수 있음을 발견했다. 걷는 것을 싫어하고, 걷는 것을 귀찮아하는 사람들을 위해서 대신 걸어 주었고, 대신 발견해 주었으며, 대신 경험해 주었다.

그의 현재 직업은 관광가이드이다. 걷는 것을 통해서 가이드 일을 경험하고 있다. 여행을 통하여 사람들을 만나고, 사람들과 대화하며, 경험을 쌓고 있다. 새로운 일을 위해서 지원하기도 하고, 실패도 하며 낙심도 한다. 그러나 그것이 그에게는 그 어떤 가치보다 소중한 것들이고, 살아 있다는 생각을 갖게 한다고 한다. 또한 자신의 실패의 경험을 나누고 싶고, 이것을 통해서 가치 있음을 발견하게 되었다고 한다. 만약 자신의 실패와 좌절의 경험. 그리고 갈등의 경험이 없었다면 여전히 부족한 무언가를 채우기 위해 스펙 쌓기에 열중하고 있었을 것이라고 했다.

두 다리로 걷는 것.

그것도 스펙이다.

21.

진로는 평생의 과정

 진로란 평생의 과정이다. 진로상담을 가르치시는 교수님도 자신의 진로에 대해서 지금도 생각하신다고 했다. 그만큼 진로는 누구에게나 평생의 과정인 것 같다.
 미래는 크게 두 가지를 이야기한다. 나의 미래 혹은 이 시대의 미래. 그것을 알 수 있다면 아마도 불안이라는 것을 겪지 않을 것이다.
 수학을 공부하는 아이들은 청소년이고, 이 시기에는 대부분 진로에 대해 인식하기 시작할 것이다. 자기 자신에 대한 정체성을 스스로 알아가는 과정 중의 하나는 어딘가에 소속되는 것이다. 자신이 어느 집단에 소속되어 있다는 것은 안정감을 준다. 소속 집단은 내가 굳이 힘을 쓰지 않아도 내 존재를 정해 주게 된다. 학교가 그 역할 중 하나일 것이다. 대다수의 아이들이 학교와 학년을 통해서 자기 자신의 정체감을 확인받는다. 그리고 그 안에서 성적으로 자기를 정의하곤 한다.
 그리고 선택이라는 과정을 겪는다. 선택에는 자신의 가치관이 개입된다. 선택에 경제적인 것을 기준으로 삼을 수 있고, 자신의 진로

나 비전 등을 기준으로 삼을 수 있다. 모든 선택에는 장점과 단점이 있다. 얻는 것이 있고, 잃는 것이 있다. 무언가를 쥔 손으로 다른 무언가를 또 쥘 수는 없다. 또한 어떠한 선택 후에 다시 선택할 수 있다는 것은 이 시대의 불안 요소이자 희망 요소이기도 하다.

 진로선택의 과정 중에서 환상기가 있다. 자신이 보고 들은 것을 사실이라고 생각하고 그것을 결정하는 것이다. 그러나 실제로 그 상황을 맞닥뜨리면 자신이 생각한 것과 다르다는 것과 다시 한 번 정의하는 과정을 거친다. 즉 갈등과 좌절을 겪으면서 자신만의 언어로 정의한다. 이때 자신의 선택의 전환 혹은 변화의 욕구를 갖게 된다. 그러나 빠르게 변하는 환경에서 불가피한 변화에 의해서 개인의 변화가 강요당하기도 한다. 스스로 선택하는 것에 비해 주변으로부터 강요당하는 듯한 기분은 그리 유쾌한 경험은 아닐 것이다.

 성적으로 자신의 존재감을 평가하면, 성적이 좋으면 긍정적으로, 성적이 나쁘면 부정적으로 영향을 받는다.

 사람들이 실패하게 되면 원인을 찾게 된다. 그 원인에 대하여 무엇이 없어서, 못해서, 부족해서 등 부정적인 것에서 찾을 때가 많다. 그런데 뒤집어 생각해 보면 우리가 갖고 있어도 실패하는 경우가 있고, 우리가 갖고 있지 않음에도 이루어질 때가 있다. 그것을 좀 더 예측 가능하고 통제 가능하다면 우리가 좀 더 안전하다고 생각할 수도 있겠지만, 그것에는 한계가 있다.

 나의 수학 점수가 떨어지면 마치 나 자신이 떨어진 것 같고, 형편없는 것 같다. 남들은 잘 사는 것 같은데 나만 이러는가 하는 좌절감이 든다. 이 마음을 어찌할 수 없어 만회해 보고자 찾아 본 정보들은 나를 더더욱 막막하게 한다. 이런 마음으로 세상을 둘러보니 내가 지금까지 해 놓은 것들은 쓰레기이고, 형편없으며, 하나도 제대로 한 것이 없다는 생각이 엄습한다.

수학을 못한다는 것 혹은 자신이 수학을 잘하지 못한다는 평가를 듣는 것은 자신의 진로에 대해서 부정적인 요소일 수 있다. 대학 입학은 점수로 결정되는데, 그중에 큰 요소를 차지하는 것이 수학이라는 과목의 점수이다. 내신이라는 이름으로, 그리고 수능이라는 이름으로 수학을 배우게 된다.

　수학은 학습과 가장 직접적으로 연결되어 있다고 한다. 수학을 잘한다는 평가를 받게 되면 학습태도가 좋다라든지, 규칙 준수 등의 기존의 관습에 잘 적응하리라는 평가를 받을 수 있기에, 수학은 이 모든 것들의 한 과정이라 불릴 수 있을 것이다.

22.

흥미 = 진로?

과거와 달리 진로나 직업을 찾는 방법이 일반화되었다. 실제로 중학교부터 진로탐색 시간을 가짐으로써 일찍 직업탐색을 하곤 한다. 또한 빠른 경우는 초등학교 때 심리검사를 통해서나 잡월드[3] 등의 직업체험과 간접경험을 통해서 찾기도 한다.

직업탐색의 가장 중요한 키워드는 바로 개인의 '흥미'이다. 그리고 진로상담과 교육은 개인이 좋아하는 것을 밝혀내고 그것에 맞는 진로를 찾을 수 있도록 돕는 매칭이론(matching theory)에 근거한다.

매칭이론의 대표적인 검사로는 홀랜드 검사가 있다. 이 검사는 사람의 성격을 6가지 유형[4] 중 하나로 분류한다. 그리고 직업세계를 역시 6가지 특성으로 분류한다. 이를 통해서 자신의 능력과 기술을 발휘하

---

[3] 한국잡월드. 대한민국 성남시 분당구에 위치한 직업 체험관.
[4] 현실적(realistic, 실제적), 탐구적(investigative), 예술적(artistic), 사회적(social), 설득적(enterprising), 관습적(conventional).

고 태도와 가치를 표현하며 자신에게 맞는 역할을 수행할 수 있는 환경을 일치시키는 것이다. 직업만족, 안정성, 그리고 성취는 개인의 성격과 일하는 환경 간의 일치 정도에 달려 있다고 한다.

하지만, 흥미라는 것이 결국 개인의 경험에 국한될 수 있다는 한계가 있다. 즉, 집과 도서관 그리고 학교만을 다녔던 학생의 흥미는 집과 도서관과 학교 내에서 벗어날 수 없다. 흥미도 개발되어야 한다는 것이다. 그렇다면 다양한 경험을 위해서 다양한 시도를 해야 한다는 논리가 성립되고, 평소에 하지 않은 것을 접해야 한다. 그렇다면 집과 도서관 학교를 벗어난 제4지대를 만들어야 한다.

또한 평소 하지 않은 것을 하기에 잘못한다는 평가를 듣거나, 해 보다가 '이건 아니다'라는 결론이 날 수도 있다. 잘한다는 평가를 위해서라면 익숙한 것을 반복해야 한다. 한 가지 기술로도 세상에 다양한 공헌을 할 수 있다. 하지만 금방 드러나는 일이 있고, 오랫동안 해야 드러나는 일이 있으며, 심지어는 우리의 다음세대에 가서야 열매가 맺힐 일도 있다.

많은 사람들이 중·고등학교 때는 공부를 열심히 해서 대학에 가고, 대학에 가서 자신이 좋아하는 것을 찾으라고 한다. 그러나 대학에 입학하면서 자신의 정체성 발견보다는 취업이라는 또 다른 압박으로 인하여 자신이 그동안 잘해 왔던 중·고등학교 시절의 방식을 답습하기도 한다. 스터디 모임을 갖는다든지, 토익이나 어학공부 혹은 공무원 시험공부에 서두르는 것도 그중의 하나이다.

게다가 취업문은 점점 좁아지고 있으니, 좁아지는 취업문을 뚫기 위해서라면 남보다 더 빨리 서둘러야 한다는 생각에 매몰된다. 그러다 보니 계발하지 못한 흥미를 그저 묻어두고 사회가 원하는 성취를 이루는 위치에 다가서지만, 정작 개인은 성장기의 이슈를 해결하지 못한 채 3-40대를 맞이하는 것이다.

22. 흥미 = 진로?

유명한 강연을 인터넷으로 들을 기회가 있었다. 강사는 청년들 앞에서 이렇게 이야기를 했다.

> 자신이 좋아하는 일을 발견하면 다른 사람한테 그 일이 얼마나 어려운지를 설명하는 거야. 왜? 그 일을 실패했을 때 자기가 못난 사람이 안 되려고. 그리고 주변에서 왜 그 일을 안 하고 있냐고 물어보면 화를 냅니다. 왜? '넌 그 일이 얼마나 어려운지 몰라서 그래.' 그렇게 어렵다고 설명하다가 자기가 설득이 돼요. 그리고 마침내 그 일을 안 하게 되죠.

진로에서 우연적 사건(happenstance)을 주장하는 학자도 있다. 사회학습이론의 크롬볼츠(Krumboltz)는 한 개인의 진로에 영향을 미치는 요인 중 개인이 통제하기 힘든 '운'이라는 요인이 있음을 인정한다. 그리고 개인이 이러한 '운'도 최대한 자신에게 이로운 기회로 만들도록 함으로써 개인의 진로결정 과정에서 흥미, 타협, 자기 효능감 등에 초점을 두고 합리적 측면을 강조한다.

우리의 지금 이 자리가 과연 우리의 계획대로만 이루어졌던 것인가?

또한 우리의 꿈과 목표가 과연 어디로부터 왔는가?

나의 꿈이 한정된 경험, 혹은 상처, 혹은 인터넷의 여론, 세인의 잡담 등으로부터 온 것은 아닌가?

우리 아이들이 수학이라는 과목을 통해 겪고 있는 것이 성취의 경험이든 상실의 경험이든, 성공이든 실패이든, 합격이든 불합격이든, 그리고 내 흥미를 찾았든 찾고 있는 중이든, 혹은 이도 저도 아닐지라도 모든 것이 값지게 쓰일 것이라고 확신한다.

23.

목표 중심 vs 과정 중심

"헬로우?"

"헬로우, 디스 이즈 에스와이 스피킹."

나의 경력 중 하나는 국제적 개발팀이었다. 세계의 여러 나라의 팀원이 모여 프로그램 개발 프로젝트를 했다. 우리는 주기적으로 텔레컨퍼런스(teleconference, 원격 화상회의)로 그들과 회의를 했다. 그들과의 미팅 주제는 늘 한결같았다.

목표가 무엇인가?(혹은 목표가 얼마인가?)
현재 어디 있는가?(혹은 현재 얼마인가?)
얼마가 남았는가?
달성 가능한가?
그러기 위해서는 무엇이 필요한가?

이러한 회의를 위해서는 많은 것을 수량화(계량화)해야 했다. '나'는 월 얼마짜리 비용이었다. 대부분이 계량화되었다. 측정이라는 과정을 거쳐야 했다. 그것이 예산 수립의 과정이며, 결산과정이었다. 나의 목표가 10인데 현재 3이다. 그렇다면 남아 있는 것은 7이다. 7을 달성하기 위해서 얼마의 시간이 걸릴 것이고, 어떤 것이 필요하며(대부분은 돈이 필요하다) 문제가 없는지를 파악한다. 그리고 문제가 있다면 그것을 해결하기 위해서는 어떤 자원이 필요한지를 확인한다. 숫자란 편리한 도구이다.

우리의 아이들에게 동일한 방법이 적용된다. 수학 목표점수가 있다. 그리고 현재 실력 혹은 과거의 점수가 있다. 그렇다면 그 차이가 나오고, 그 차이를 극복하기 위하여 아이들이 공부하고, 학원을 다니며, 시간과 노력을 들인다. 혹은 몇 문제를 풀어야겠다는 계량적인 데이터를 통하여 공부를 한다. 그러한 데이터들이 모여서 합을 이루면 하나의 목표가 되고, 그것을 서로 나누게 되면 각자의 예산과 개인 목표가 된다. 이처럼 숫자는 한 눈에 알아볼 수 있다는 편리함을 준다. 대부분의 경영자들은 이러한 기법으로 숫자를 통하여 자신의 목표와 방향을 계량화한다.

그러나 부작용도 있다. 그 목표가 대부분 달성 불가능한 것이라는 점이다. 북극성 이론처럼 높은 곳을 바라보다 보면 좀 더 가까워지지 않겠냐는 것이다. 한 번이라도 더 시도하면 강해지지 않겠냐는 것이다. 그러나 그 목표가 너무 높거나 터무니없다면, 사람의 마음은 그 목표가 애초에 도달하지 못할 것이라고 생각하여 회피, 합리화 등과 같은 여러 가지 방어기제를 사용한다. 그래서 이러한 마음의 좌절감이 더 낮은 성과를 내기도 한다. 그것이 경영진의 고민이기도 하다.

또한 측정 불가한 정성(定性)적 데이터들이 있다. 직원들의 열정, 윤리와 도덕 또한 협동심, 충성심 등은 측정하기가 쉽지 않다. 내가 공부하는 상담에서도 논문의 종류가 양적 논문(수와 양으로 측정하는 논문)과

질적 논문(측정 불가한 영역들)으로 구분되어 양쪽으로 형성되고 있다.

주어진 목표가 정답은 아니다. 특히 최근에는 '계획된 우연', 즉 우연한 사건을 통하여 진로가 정해진다고 주장을 진로이론으로 받아들이고 있다.

예를 들어 상담 및 코칭 직종의 직업인을 인터뷰한 결과 많은 경우가 우연한 요인으로 이 직업을 택하게 되었다고 하였다. 또한 이들은 진로전환 과정에서 우연을 기회로 만든 공통적인 개인적 특성(호기심, 지구력, 유연성, 낙관성, 위험부담 감수, 사람을 좋아함)을 갖추고 있었고, 자신들의 진로전환 과정에서 여러 가지 어려움이 있었으나 긍정적 마음가짐과 환경적 지지, 개인적 노력으로 이를 해결했다고 한다.

목표에 도달하지 못한 것을 반드시 실패로만 볼 수 없다. 또한 자신의 성격적인 강점들(예를 들면 호기심, 지구력, 유연성, 낙관성, 위험부담감수) 등을 이용하여 위기 혹은 실패를 성공의 기회 혹은 더 큰 목표 달성의 과정으로 삼는 것을 우리 주변에서 찾아볼 수 있다.

너의 꿈은 뭐니?

24.

꿈을 말해 보기

　대학원의 진로상담 수업시간이었다. 이 수업은 먼저 자신의 특징과 성격을 파악한다. 그리고 게임을 통하여 자신의 가치관을 확인해 본다. 그 후에 직업세계를 탐구하고 탐색해 본다. 집단상담의 형태로 자신이 찾은 꿈과 진로를 찾는 것이다. 참석자의 연령층은 이미 자신의 꿈과 목표를 이루어야 했을 3-40대가 대부분이었다.

　나는 처음에는 내 꿈이 무엇인지 잘 몰랐다. 여러 직업군을 찾아보면서 이건 아닌 것 같다. 혹은 현재 접근 가능한 직업을 이야기하면 주변으로부터도 '무언가 아닌 것 같다'라는 반응이 나왔다. 정작 내가 원하는 것을 구체적으로 언어로 표현하기가 어려웠다.

　그러면서 조금씩 다른 사람들의 꿈을 듣고 관찰하기 시작하면서 내 마음에서 반응이 왔다.

　'저런 것도 꿈이라고 하는구나.'

　'꿈은 하나가 아니구나.'

　이런 관찰을 하면서 내 마음이 조금씩 열리기 시작했다. 그렇게 찾고 찾은 나의 꿈은 '사상가'였다. '그런데 사상가가 뭐지?'라고 내 스스로도 의문을 품으면서 내 목표를 정해 본 것이다. 지금까지의 대부분은 교수, 강사, 상담가 등의 현실적이고 현재 접근가능하며 구체적인 목표였지만 말이다.

내가 망설였던 이유는 나의 꿈으로 인한 주변의 희생과 대가를 지불해야 할 확신이 서지 않았기 때문이다. 또한 100% 확신한 것도 아니었고, 곧 바뀔지도 모르며, 주변으로부터 여러 가지 평가가 들어올 것이 두려웠다. 거꾸로 이야기하면 지지만을 받고 싶기도 한 것이다. 혹시 비난이나 비아냥거림을 받을까 봐 걱정하고 염려해서 나는 내 의견을 이야기하지 못했던 것이다.

그렇지만 한번 직면해 보기로 했다. 입으로 웅얼대지 않고 소리내어 이야기해 보기로 했다. 나는 망설임 끝에 나의 꿈을 오픈했다.

"저는 소크라테스와 같은 사상가가 되고 싶습니다."

그러자 주변에서는 지지의 목소리도 나왔고, 우려의 목소리도 나왔다. 소크라테스의 부인은 악처라던데 하면서 예상치 못한 반응도 나왔다. 또 어떤 집단원은 악처가 있었기에 소크라테스가 나오지 않았냐면서 악처의 가치를 정정해 주기도 했다.

그 말을 하고 집으로 돌아가는 길에 나는 오랫동안 얼굴이 화끈거렸다. '괜히 말했나?' 하는 후회감도 들었다. 긍정적인 반응보다는 걱정하고 염려하는 반응에 내가 더 예민했다. 그 감정이 며칠 동안 지속되었다.

어느 날 한 청년과 대화할 기회가 있었다. 그에게는 좋아하는 여자가 있었다. 그녀와 친구처럼 지냈기에 그녀는 그의 마음을 눈치채지 못하고 있었다. 어느 날 그 청년은 그 여자에게 사귀자고 정식으로 얘기했는데 정작 고백을 들은 여자는 당황해했다. 다리를 후들거리며 제대로 걷지도 못하고 주저앉았다. 그러한 그녀의 모습을 본 청년은 자신의 고백을 후회했다. 힘들게 한 것이 미안한 것이다. 그러면서 자신의 고백으로 인하여 앞으로의 관계가 불편할 것 같다면서 걱정하고 있었다.

내 기억에 나는 그 청년에게 몇 가지 이야기를 한 것 같다. 누군가가 자기를 좋아해 준다는 것은 세상에서 가장 귀한 기쁨인데, 그가 그녀에게 그것을 준 것이고, 여자는 그것을 눈치 못 챈 자신의 둔함을 자책할 것이라고 말해 주었다. 당황함은 곧 놀람인데, 세상에서 기쁨의 놀람을 경험케 한 청년의 용기을 칭찬했다. 청년은 나의 얘기로 인해 걱정과 염려로부터 자유를 얻었다고 말했다.

내가 '사상가'라는 말을 소리로 내어 보니 우선 속이 후련했다. 소리 내었다는 자체에 스스로를 격려했다. 그리고 나의 상황들이 다시 해석되었다. 지금 하고 있는 것이 아직 도달하지 못한 길이 아니라, 지금도 가고 있는 길이라고 말이다.

한번 소리내어 말해 보니 내가 염려했던 것만큼 사람들의 반응이 나쁘지 않았다. 내게 어울린다는 지지적 반응도 나왔고, 자신과는 다르게 그런 능력이 있는 내가 부럽다는 반응도 나왔다. 반응을 기대하지 않았으나 긍정적인 반응을 받으니 위로가 되고 힘이 되었다.

아이들이 어떤 결심을 하거나 그것을 말할 때가 있다. 그것에 대하여 사람들의 반응은 긍정적일 수도 있고 부정적일 수도 있다. 사실 이러한 반응들을 가장 많이 하는 존재는 바로 자기 자신이다. 자신의 마음과 뇌리에는 그동안의 경험과 신념 그리고 검증을 통한 자동적인 사고방식이 있다. 그것은 그에게 가장 옳은 논리로 여겨진다.

소리 내어 내 꿈을 타인에게 이야기하는 것은 큰 모험이다.

신나고 즐거운 모험.

25.

의사결정 배우기

　우리는 사소한 일에서부터 중요한 일에 이르기까지 의사결정을 한다. 주말에 어떤 TV 프로그램을 볼 것인가와 같은 사소한 일에서부터 졸업 후 일반기업에 취업할 것인가 혹은 시험을 통해 공직에 진출할 것인가와 같은 진로에 관한 중요한 선택에 이르기까지 인생은 의사결정의 연속이라고 할 수 있다.
　선택의 문제는 경제학, 심리학, 사회과학 등의 여러 분야에서 관심을 갖는다. 또한 진로이론에서도 진로결정이론은 하나의 토픽이 되어 많은 학자들의 연구가 이루어지기도 한다.
　진로의사결정이론이란 개인의 진로결정가정과 방법, 그 과정에 영향을 미치는 요인을 설명하는 이론이다. 진로의사결정에 관한 이론은 진로의사결정수준에 관한 이론과 진로의사결정유형에 관한 이론으로 대표된다.
　진로의사결정수준이론에서는 개인의 의사결정에 대한 확신의 정도에 따라 결정과 미결정을 분류한다. 또한 진로의사결정유형은 합리적, 직관적, 의존적, 즉흥적 유형으로 분류된다. 합리적 유형은 대안을 탐색하고 논리적으로 평가하며, 직관적 유형은 직관이나 감정에 의존한다. 의존적 유형은 다른 사람의 충고나 지시를 구하고, 즉흥적 유형은 의사결정을 피하고 가능한 빨리 의사결정을 끝내고자 하는 조급함으로 설명된다.[5]

지금 아이 앞에 두 가지 해야 할 일이 있다고 치자. 수학 숙제와 영어 숙제.

이 상황에서 무엇을 선택해야 할 것인가?

아이는 영어를 택하자니 수학학원 선생님에게 괜히 미안하고, 그렇다고 수학을 택하자니 자신의 마음은 이미 영어로 기울었는데 그것도 아닌 것 같다. 아이는 꽤 오랫동안 결정을 못하고 있었다.

크롬볼츠 상담이론에서는 내담자에게 의사결정 기술과 과제접근 기술이 부족할 시 상담자가 가르치는 것도 상담의 과정으로 여긴다.

나는 아이에게 선택에 관해서 몇 가지 당부의 말을 했다.

> 더 좋은 것을 선택하는 것과 더 나쁜 것을 피하는 선택이 있다. 모두 다 완벽히 만족시킬 선택은 없다. 중요하고 급한 일을 먼저하고, 덜 중요하고 덜 급한 일을 나중에 한다. 그리고 가장 중요한 것은, 네가 무엇을 선택하고 어디에 있든 선생님은 네 판단을 존중하고 너의 선택에 따라서 너의 가치가 흔들리거나 변하는 것은 없다.

아이는 결정을 못하고 있는 이 상황이 무척 싫을 것이다. 지금까지

---

5   김봉환, 『진로상담이론』(서울: 학지사, 2010), 252.

선택의 문제에서 벗어나 있었고, 누군가가 선택하는 것을 따라가려고 애쓰고 있었으며, 주어진 선택을 따라감으로써 적어도 관계의 훼손을 막으려고 애쓰고 있었을 것이다. 거꾸로 이 아이도 자신의 부탁과 제안이 거절당했을 때는 자신의 존재가 거절받은 듯하게 여기는 동일화를 지금까지 해 왔고, 그렇게 세상을 헤쳐 나가고 해석했을 것이다.

선택한다는 것은 책임을 진다는 것이다. 책임이란 잘 되면 누리는 영광과 칭찬이 있지만, 그렇지 못한 경우에는 결코 겪고 싶지 않을 비판과 손해를 감당해야 한다.

그래서 그 아이는 이러한 두려움으로 선택이라는 것을 가급적 하지 않으려 했을 것이다. 그러나 자신의 선택이 자신에게 어울리지 않음을 발견할 뿐만 아니라 자신이 지키고 싶었던 관계가 개선되지 않거나 도리어 깨진다면 그 선택을 지킬 이유가 없어지는 것이다. 즉, 마음에 들지 않는 것이다. 그럼에도 적극적으로 의견을 개입하지 않고 회피와 게으름 등으로 자신의 거절을 보이지 않게 진행하는 것에 익숙했을 것이다.

결국 아이는 무엇을 할지 결정했다. 그리고 내게 말해 주었다. 나는 '아이가 선택함'을 칭찬하고 지지해 주었고, 아이가 원하는 대로 들어주었다.

26.

참된 직업

대학원 논문을 쓰기 위해서 청년들을 일주일에 한번씩 만나러 다녔다. 나의 대학원 논문주제가 청년 멘토링이었다. 그래서 일주일에 한번씩 청년들을 만날 장소를 물색하다가 출판사 직원이 있는 서점에 들르게 되었다. 그곳에 한 직원과 인사를 나누었다.

"안녕하세요. 저는 OOO라고 합니다."

그 직원은 키가 작고 상냥한 표정이었다. 청년과 대화를 나누면서 간혹 그 직원이 서점 손님들과 대화하는 소리가 들렸다. '하하하', '호호호.' 그 직원은 손님들과 정성스럽게 대화하고 있었다. 약간은 수다스럽다고 여겨졌다. 문득 출판사로부터 받았던 도서회원 요청이 기억이 났고 그 서점에서 도서회원가입을 하였다. 그리고 (마음 변하기 전에) 회원비를 그 자리에서 송금했다.

며칠 후 출판사에서 전화가 왔다. 출판사 직원은 상냥한 목소리로 자신을 소개했다. 도서회원에 가입해 주셔서 감사하다며 조금은 두서없는 말을 했다. 나 역시도 두서가 없는 말을 하는 스타일이라서 말보다는 그 마음을 감사하게 여겼다. 용건은 한 가지였다. 도서회원에 가입하여 감사드리는 마음으로 작은 선물을 보내고자 하니 주소를 불러달라는 것이다. '용건만 간단히'라는 말이 무색하게 우리는 긴 대화를 나누었다. 만약 아내가 나에게 "왜 전화했대?"라고 묻는다면 나는 "주소 알려달래"라고 대답했을 것이다. 그러면 아내는 이해할 수 없다는 표정으로 다시 내게 물어봤을 것이다.

"그런데 그렇게 길게 전화해?"

전화를 마치고 나는 상냥한 아주머니와 얘기를 나누었다고 생각하면서, 한편으로는 그리 명확하지 못한 통화 방식에 대해 순간적으로 여러 가지를 판단하게 되었다. 그 판단들이 집합되어 출판사에 대한 이미지가 생기며 내 나름대로의 고정관념을 강화하려고 했다. 그 순간 문자 한 통이 왔다.

> 주소 감사합니다. 더불어 도서사역에 동역해 주심 깊이 감사드립니다.

나는 "도서사역"이라는 단어에 내 눈을 한참 고정하였다.

서점 직원에 대하여 내가 기존에 갖고 있던 인상은 그다지 의욕 없고, 월세 걱정하며, 그리 손님이 많지 않아 보이고, 월급을 받기 위하여 일하는 사람이었다.

그러나 그분은 도서사역을 하시는 사역자였던 것이다. 모든 것을 보이는 것으로만 판단하려는 내 시선의 가벼움, 그리고 그 시선을 통해서 나 자신과 타인과 모든 것을 판단하는 나를 발견했다.

어느 날 학원의 한 학생과 더불어 학원 근처 중국집에 갔다. 또 다른 아이는 곧 온다고 연락이 왔다. 나는 탕수육 하나와 자장면 세 그릇을 시켰다. 곧 온다는 아이 것까지 시킨 것이다. 곧 음식이 나왔다. 곧 온다는 아이는 오지 않았다. 주인아주머니는 나에게 나머지 한 아이가 언제 오냐고 물었다. 먼저 온 아이가 이미 자장면을 다 먹을 때쯤 전화가 왔다.

"쌤. 이제 가게 앞이에요."

"그래. 어서 와라. 네 자장면 다 불었다."

곧, 아이가 미안한 표정으로 들어왔다. 그런데 갑자기 주인아주머니는 시켜 놓은 자장면 한 그릇을 말도 없이 가지고 가셨다. 우리는 매우 놀랐다. 잠시 후 새로운 자장면을 가져다 주셨다. 늦게 온 아이는 따뜻한 새 자장면을 맛있게 먹었다. 나는 음식값을 계산하면서 아주머니께 감사를 표하며 아까워서 어떡하냐고 물었다. 그랬더니 아주머니가 손사래 치며 말했다.

"당연한 거죠. 홀에서 드시는 거면 맛있는 것을 드려야지요. 그거 얼마나 한다구요."

나는 생각했다.

'이 분은 자장면만 파시는 분이 아니구나.'

오늘도 우리 주변에서 참된 직업인을 찾아볼 수 있다.

같이 걷기

· 다시 시작
· 힘차게 날아봐

다시 시작

다시 시작

1.

시작과 저항

아이들이 수학을 다시 하겠다고 마음을 먹을 때 그동안 잊고 있던, 혹은 그동안 미루어 두었던 적들과의 싸움을 각오해야 한다. 백슬라이딩(backsliding)이라는 용어가 있다. 이전의 나쁜 행실로 되돌아간다는 말이다. 사람의 성장곡선은 일직선으로 상승하지 않는다. 처음에는 오히려 낮아지다가 가파르게 상승한다. 새로운 시작을 할 때 신체도 저항한다. 어색해한다. 갈등한다. 그리고 새로운 기대만큼이나 좌절감도 커진다. 이런 과정을 당연히 겪어야 하고, 이 과정은 아주 자연스러운 것이다.

우리의 내면에는 갈등을 일으키는 무수히 수많은 많은 대칭적 요소가 있다. 양극성이란 서로 반대의 개념을 뜻하는 것이다. 예를 들어 적극성 대 수동성, 안전 대 불안전, 자신감 대 수치심, 염려 대 걱정 없음, 책임 대 무책임, 지성 대 감성, 강함 대 약함, 너그러움 대 인색함 등이 있다.

건강한 사람이라면 이러한 양극성을 소외시키지 않고 두 가지를 모두 개발하고, 이 양극성을 자기개념이라고 하는 것에 통합하여 유지하며 산다. 그렇게 중심을 잘 잡아서, 어느 한쪽으로 기울어지지 않고 균형을 잘 유지한다. 이러한 양극성을 명확히 인식하고 접촉하는 사람일수록 자기 자신과는 물론이고, 타인과의 관계에서도 좀 더 실존적으로 행동할 수 있게 된다.

예를 들어서 우리가 시험의 결과를 승리 혹은 패배로 구분지을 때, 그것은 우리 마음에 존재하는 것이다. 그런데 승자와 패자라는 구분은 인격에 반하는 것이다. 둘 다 나름의 특성을 가지고 통제하기 위해 싸운다.

승자는 항상 패자에게 도덕적 명령을 내리고, 권위적이고 지시적으로 행동하며, 패자를 꾸중하고 처벌하려 한다. 승자는 깡패같이 위협을 해서라도 자기 마음대로 하려 한다. 승자의 말대로 하지 않으면 처벌되거나 끔찍한 일이 일어날 것이다.

반면 패자는 자신에 대해 아주 불확실해진다. 패자는 맞서 싸우거나 불량배가 되거나 공격적으로 통제하려고 하지 않는다. 패자는 다른 수단으로 싸운다. "내일", "약속할게", "맞아, 하지만…", "최선을 다하잖아"와 같은 말만 하고 꾸물거리며 승자의 기분을 뒤집어 놓거나, 변명을 하거나, 상황을 피하면서 승자에게 대항한다. 패자는 실제로 변화를 시도하지 않는다. 이것이 패자의 힘이다.

우리의 인격이 승자와 패자로 양분되어 싸우고 서로를 통제하면서 결말이 없는 싸움을 계속하게 되면 서로 좌절하게 되고 둘다 참패하게 된다. 이런 상태를 펄스(Fritz Perls)는 신경증적인 "자기고문 게임"이라고 한다.[1]

---

1 김춘경 외, 『상담의 이론과 실제』 (서울: 학지사, 2010), 260.

아이들 마음속에는 자신의 의지와 과거의 기억과의 싸움이 일어날 것이다. 그동안 나의 몸과 마음은 과거의 기억과 경험에 의해 지배되게 된다. 실패한 그 장면을 다시 기억할 수도 있고, 이로 인해서 몸과 마음이 반응할 수도 있다. 그리고 이 상황에서 아무도 나를 도와줄 수 없을 것 같고, 아무도 나의 마음을 몰라줄 것 같다는 두려움도 들 수 있다. 그리고 이 상황을 피하고 싶은 마음도 들 것이다. 자신의 회피를 교묘한 논리로 포장할 수 있다.

그 회피의 이유는 모두 맞는 말이다. 해봤자 안 될 것이라는 여러 이유를 댈 수 있을 것이다. 자기의 과거, 친구의 경험, 인터넷의 어떤 사실 등을 댈 수 있을 것이다.

또한 할 수 있다는 것도 맞는 말이다. 대역전극의 시작은 패배의 불안함이고 두려움이었다. 그리고 누구나 패배했다고 여기는 그 순간에 무슨 일이 일어나고, 이로 인해서 한번 해 보자는 생각이 들 수도 있을 것이다.

다시 시작

2.

아는 것부터 출발

한 참석자가 자신이 수학을 싫어하게 된 계기를 말했다. 그는 학교 수업시간에 칠판에 문제를 풀게 되었는데, 푸는 과정에서 선생님에게 혼이 났다. 자신이 틀린 것을 학생들 모두가 알게 되어 창피한 마음이 들었고, 그때부터 수학이 더 싫어졌다는 것이다.

반면에 어떤 참석자는 존재감이 없었던 자신에게 선생님이 '너는 수학을 참 잘하는구나'라고 격려해 주어 신나게 수학공부를 하며 더 흥미를 갖게 되었고, 그래서 지금도 수학 선생님께 고마운 마음이 남아 있다고 한다.

하루는 유명한 영어강사의 인터넷 강의를 시청할 기회가 있었다. 영어로 성경을 가르치는 장면이었다. 강사와 학생들이 성경의 돌아온 탕자 이야기를 표현해 보고 있었다.

...

강사: '탕자'를 영어로 뭐라고 할까요?

학생들: (고개를 떨구며) 몰라요~.

강사: 여러분 수준에 맞는 단어를 쓰세요.
　　　탕자는 좋은 아들? 나쁜 아들?

학생들: 나쁜 아들이요 ….

강사: 그러면 '나쁘다'를 영어로?

학생들: (자신 있다는 표정으로) 'bad'요~.

강사: '아들'을 영어로?

학생들: (역시 자신 있다는 표정으로) 'son'이요.

강사: 그러면 '나쁜 아들'은 영어로?

학생들: 'bad son'이요.

강사: '한 탕자가 있었습니다'를 영어로 하면

학생들: 'a bad son'이요~~.

강사: (웃으시면서) 잘하시네요~~.

…

강사는 무척 노련하게 학생들을 다루었다. 그들이 알고 있는 것으로 자신의 표현을 하게 했다. 그리고 학생들의 표현에 대해서 틀린 것을 지적하지 않았다. 학생들은 격려 받는다. 그리고 맞는 것을 되짚어 주면서 스스로 교정하도록 가르쳐 주었다.

"맞아, 아는 것부터 출발하는 거구나."

한 환자가 뇌경색으로 왼쪽 팔다리의 운동신경이 마비되었다. 그렇게 1년 가까이 재활하면서 지팡이를 짚고 혼자 걸을 수 있게 되었다. 가족들은 병원보다는 집에서 재활하기를 바랐지만, 정작 환자는 두려움이 앞섰다. 의사는 환자에게 이야기했다.

"남아 있는 기능으로 현장에 부딪쳐 보세요. 그것이 진정한 재활입니다."

이 말을 들은 환자는 곰곰이 생각했다. 자신의 몸에서 왼쪽 팔다리의 운동신경 외에는 모두 기능하고 있었다. 자신감을 가진 이 환자는 의사의 말을 듣고 퇴원을 결심했고 집에서 재활하기로 했다.

보고 듣고 느낀다는 것을 아는 것.

그것을 경험하는 나 자신을 믿고 존중하는 것.

'나는 이렇게 보았다', '나는 이렇게 들었다', '나는 이렇게 느꼈다' 리는 것을 밖으로 표현하는 것.

그 표현을 존중 받고 이해 받는 경험을 하는 것.

그 과정에 수학적인 수식이나 기호로 그리고 조작적 연산을 통하여 결과를 내고 그 결과의 의미를 설명해 보는 것.

이러한 수학을 위해서 부모님과 선생님 그리고 주변 분들이 같이 도와주고 협력하는 것.

그런 수학을 이 시간에도 아이들이 경험했으면 좋겠다.

3.

계획을 세운다는 것

한 아이가 나를 찾아왔다. 수학시험이 얼마 남지 않았는데 할 일이 너무 많다는 것이다. 그리고 할 일이 너무 많다 보니 어떤 것부터 시작해야 될지 모르겠다고 하소연했다.

나는 아이에게 자신이 풀어야 할 수학 문제집을 가지고 오라고 했다. 그리고 문제수를 세었다. 남은 날짜를 세었다. 하루에 풀어야 할 문제의 수를 보이도록 기록한 후 말했다. 불안할수록 계획을 세우라고. 아이는 안심을 하며 자리로 돌아갔다.

우리는 살면서 많은 계획을 세운다. 계획은 누가 무엇을 언제(혹은 언제까지) 한다는 것으로 볼 수 있다. 실제로 계획은 'S.M.A.R.T.' 하게 세워야 한다고 한다. 'S'는 'Specific'(구체적으로) 'M'은 'Measurable'(측정 가능한), 'A'는 'Achievable'(달성 가능한), 'R'은 'Realistic'(현실적으로), 'T'는 'Time mark'(시간기록)이다.

계획의 장점으로는 구체성이다. 즉 눈에 보인다는 것이다. 어느 순간, 지금 내가 제대로 하고 있는지, 혹은 제대로 가고 있는지 문득 불안할 때가 있다. 알 수 없는 미래를 생각하다 보면 더욱 그렇다. 그 하나의 불안이 점점 더 커지는 것을 발견한다.

이때 상상한 것들을 노트에 기록하거나 메모해 보고, 그것이 일어날 확률을 적어 보면 웃음이 나올 때가 있다. 또한 막연한 불안에서 구체적인 할 일 등으로 바뀌게 된다. 구체적이고 눈에 보이기 때문에 다른 사람과 소통하면서 협력을 구할 수 있다. 불안할수록 계획으로 돌아가라고 이야기한다.

그런데 계획을 세울 당시와 계획을 실천할 때의 상황이 바뀐 경우가 대부분이다. 이럴 때는 계획을 수정한다. 그리고 관계지향적인 아이인 경우에는 자신이 세운 계획이 갈등의 요소로 돌변하면, 그 계획을 변경하거나 수정하기도 한다. 즉, 상황에 맞게 바꾸는 것이다. 그러나 타인은 그러한 의도는 모르고 계획대로 실천하지 않는다고 비난하거나 질책할 수 있다.

앞날을 예측할 수가 없다. 이제는 많은 학자들은 실제로 우연적 필연을 기정사실로 여긴다. 나의 적성과 흥미를 통해서, 내가 하고 싶은 일을 정하고, 내가 지금 현재 어디에 와 있으며, 그 차이가 무엇이고, 그것을 극복하기 위해서 지금 무엇이 필요한지를 계측하는 진로상담에서도 미래에 우연을 통제할 수 없다는 것을 인정하면서 오히려 우연적인 요소에서 무언가를 발견하라는 이론이 있다.

그 안에서 자신이 얻어가야 할 것이 무엇인지, 그리고 이 우연적 기회가 자신에게 유리하게 해석된다면 어떤 것이 있는지를 생각하게 한다. 계획을 세운다는 것은 계획대로 흘러가지 않는다는 것을 전제로 하고 있는 것이다.

4.

공감과 위로

네버 네버 기브 업(never never give up).

어느 수학학원에 들어서자 걸려 있는 문구였다. 제2차 세계대전 당시 영국 국민들은 전쟁으로 지쳐 있었을 때, 처칠이 젊은 시절에 실패에 실패에 거듭하였다가 수상이 된 자신의 인생을 요약한 문구였다. 그러나 수학학원에 걸려있는 이 문구는 지쳐 있는 나를 위로하고 용기를 주는 문구로만 받아들이기에는 무언가 어색하게 느껴졌다.

'나더러 더 이상 뭘 어쩌라는 거지?'

공감과 위로.

같은 말이라도 누가 하느냐에 따라서 다르게 받아들여진다. 나를 비난하고 조롱하는 대상이 내게 "네버 네버 기브 업"이라고 외친다면 조롱과 비난으로 들릴 것이다. 반대로 내가 존경하고 사랑하는 누군가가, 나의 성장을 진심으로 바라는 한 사람이 내게 "네버 네버 기브 업"을 외친다면 나는 그 말에 반응하고 다시 한번 일어서고 싶을 것이다.

진로검사의 하나인 홀랜드 검사는 나 자신 그리고 외부환경을 여섯 가지로 구분한다. 그 여섯 가지를 구분하는 것은 결국 사람 중심인지 사물 중심인지로 구분한다. 어느 한 사람을 사람 중심으로 에너지를 받는지, 혹은 사물 중심으로 에너지를 받는지로 분류한다. 또한 직업군을 인간의 성장에 대한 것인지, 혹은 사물의 원리에 관심을 두는 것인지로 분류한다.

예를 들어 건축물을 설계하고 만드는 직업이라면 사물의 이치와 원리를 중요하게 여길 것이다. 건물의 올바른 기능을 통해서 자신의 목적을 이룰 것이다. 반대로 사람에게 관심을 둔다면 나와 상대에 대한 관심을 가질 것이다. 교육이나 상담 등, 사람의 원리와 이치에 대해 관심을 가질 것이다.

이렇듯 수학을 바라보는 관점에 있어서, 어떤 아이는 인격적 관계가 중요한 작용을 할 것이다. 마치 내가 수학학원 앞에 있는 "네버 네버 기브 업"의 문구에 반응했던 것처럼 수학과 관련해서 누가 나를 만나 주고, 누가 나를 가르치느냐에 따라서 수학을 다르게 받아들일 것이다.

반면에 수학이라는 원리가 무엇인지, 이를 통해서 세상을 해석하는 도구로서의 수학, 자신의 사유 확장으로서의 수학을 궁금해 할 수도 있다. 이런 경우라면 사물의 작동원리 혹은 기구에 대해 관심을 갖거나 새로운 것에 대한 탐구 자체를 즐길 수도 있을 것이다.

대상이론은 어떠한 사람이나 사물을 마음에 이미 자리잡힌 대상으로 여긴다. 수학을 대하는 태도나 모습을 통해서 자신의 마음이 무엇을 원하고 있는지를 발견하는 것이다.

성적을 통해서 자신의 존재감을 갖는 청소년이라면 자신의 성적에 따라서 자신의 존재감을 확인 받으려 할 수도 있고, 어릴 적부터 자신의 성적에 대해 부모가 보여 준 표정과 반응에 근거하여 수학을 대할 수 있다. 또한 수학은 성적의 많은 비중을 차지하고, 진학의 큰 요소가 되기도 해서 어릴 적부터 수학을 성적, 진학, 그리고 자신의 미래라고 여기게 된다. 이것은 수학학습에 긍정적인 요소로 작용하기도 한다. 문제를 풀면서 기쁘고, 스스로 만족하는 것을 느끼며 자기 효능감이 높아질 수도 있다. 만약 수학문제 풀이가 자신의 삶과는 전혀 관계없다고 한다면 그만둘 수도 있을 것이다.

그러나 그러한 이유로 인하여 수학을 다가가는 것을 어렵게 생각하기도 한다. 또한 완성된 건물을 바라보면서 이것의 원리부터 차근차근 해결해 가는 것이 아니라 정해진 시간에 어떤 수준을 달성해야 하는 목표가 주어진다면, 도전적인 환경을 즐기는 사람이라면 이것이 하나의 도전이겠지만, 단지 목표만을 바라본다면 좌절감으로 처음부터 포기할지도 모르겠다.

다시 시작

5.

상황을 해석하는 힘

　수학을 25점 받은 아이가 왔다. 그 아이의 꿈은 수학교사였다. 아이는 수학시험을 못봤다는 이유로 자신을 부끄러워하는 것 같았다. 아이는 이미 다 배운 교과서를 가방에 가지고 다녔다. 나는 물었다.
　"이 책들을 다 들고 다니니?"
　"네."
　"왜 들고 다니니?"
　"지난번 시험을 너무 못 봐서요."
　지난 학기에 시험을 망친 과목의 문제집을 다 들고 다닌 것이다. 그래서 아이는 그 공부를 처음부터 다시 하고 싶어 했다. 나는 말했다.
　"지금 공부에 충실한 게 진짜 공부야. 그 책은 갖고 오지마."
　아이는 안도하는 듯했다.
　"수학 선생님이 꿈이라며?"
　"네."
　"그렇다면 네가 특별한 경험을 하고 있는 것 같다. 수학을 못 본 아이들의 경험을 네가 지금 겪고 있는 것이야. 네가 그러한 아이들의 마음을 이해할 수 있을 것 같다. 네가 수학 선생님이 꿈이라서 한번 그러한 경험을 직접 해 보는 것이 아닐까?"

아이의 얼굴이 밝아진다.

상담에서 '자기화'라는 말이 있다. 어떤 단어가 자신의 언어가 되는 것이다. 예를 들어 '힘들다'라는 것을 겪어 보지 않으면 그 말을 잘 모르고, 그 말을 하는 사람들을 피상적으로만 이해하게 된다. 그러나 자기 자신이 힘든 상황을 경험하면 그 말의 깊이를 알게 된다. 그 말을 사용할 때 마음이 움직이고 교감이 일어난다.

소설가 이외수는 추위에 대한 묘사를 하고 싶었다고 한다. 그런데 도저히 글을 쓸 수가 없었다. 단어가 떠오르지 않았다. 그래서 그는 추운 겨울날에 옷을 벗고 바깥에 나갔다. 그리고는 그 추위를 표현하는 말이 떠올랐다.

    면도날에 베인 듯한 추위.

직접 겪어서 만들어 낸 그만의 언어였다.

상황을 해석하기 위해서는 다음의 네가지가 필요하다.

첫째, 자기 자신을 받아들이는 과정이 필요하다. 자신을 있는 그대로 바라봐야 했다.

① 나 자신은 장점도 있고, 단점도 있는 사람이다.
② 문제가 있다는 것이 나 자신에게 문제가 있다는 의미는 아니다.
③ 다른 이의 이야기를 받아들이는 것은 전적으로 자신 선택이다.

둘째, 자신의 욕구가 존중받는 것을 배울 것이다. 우리는 자신의 욕구는 어둠 속으로 숨겨야 했고, 그 안에서 해결해야 하며, 남에게 숨겨야 하는 나쁜 것으로 여겼다. 그러나 욕구를 느끼고 표현하며 지지받는 것은 자연스러운 것이다.

셋째, 세상을 수용하는 것을 배울 것이다. 그동안 자신을 힘들게 했다고 여겨졌던 세상, 자신을 버렸다고 여겨졌던 세상을 정면으로 바라봐야 할 것이다. 약육강식의 모습도, 도전하는 자가 세상을 차지한다는 것도 사실이다. 세상에는 성공한 사람도 존재하고, 존경받지 못하는 부자도 존재한다. 이러한 세상에서 빛과 소금의 역할을 감당하는 이도 분명히 존재한다.

넷째, 결단하고 행동하는 것을 배울 것이다. 자기 자신을 알고 세상을 알면, 결단하고 실천해야 한다. 결단과 행동은 불안과 두려움을 수반한다. 어떤 때는 자신의 뜻대로 이루어지지 않기도 하고, 오히려 안 하는 것보다 못한 결과가 나오기도 할 것이다. 나의 결정에 후회하기도 할 것이다. 하지만 그러한 넘어짐이 자신의 존재의 가치에 영향을 주지 않음을 확신하게 될 것이다.

아이가 자신의 상황을 해석하는 힘을 갖기를 바래 본다.

다시 시작

6.

이제 좀 알 것 같아요

선빈이와 수업을 마치고 오늘 배운 시그마에서 무엇이 어려웠는지 물었다. 그리고 오늘 수업에서 무엇을 얻었는지를 확인해 봤다. 아이는 내게 공식에서 기호의 사용법, 특히 n을 어떻게 사용할지를 몰랐었는데 이제는 이해했다고 말했다.

내가 누군가에게 하이데거에 대해서 알고 싶다고 말했을 때, 나는 두꺼운 책 한 권을 제공받았다. 결론적으로 말하자면, 나는 그 책을 읽지 않았다. 누가 "왜 그랬냐?"고 물어본다면, 그 이유를 딱히 말하지 못하겠다. 지금도 솔직히 말하지 못한다. 이 두꺼운 책을 언제 다 읽을지에 대한 두려움도 있었고, 책도 낡고 못생기기도 했다. 그리고 굳이 그 책을 읽지 않더라도 살아갈 수 있다는 근자감(근거 없는 자신감)도 한 몫 거든 것 같다.

그러던 중 나에게 하이데거를 촉발한 계기가 생겼다. 당시 나의 이슈였던 퇴직 사건을 돌아보면서였다. 그 와중에 간간이 접한 하이데거의 철학이 내게 유용하다는 것을 발견했다. 기투, 피투, 세인, 잡담과 같은 그의 용어가 나의 이슈에 적용되었다. 그렇게 촉발된 계기로 인하여 나는 나름대로 그 과목을 헤쳐 나갔으며, 그로 인한 과정을 나름대로 슬기롭게 이겨 나가게 되었다. 결과적으로 나는 인터넷을 찾아서 하이데거를 스스로 접하게 되었다. 그 후에 두꺼운 철학책을 다시 보니 뼈대가 잡히는 것을 경험하였다.

상담 전에 접수 면접을 한다. 이를 통해서 주호소문제를 받는다. 그 문제는 신로이거나 심리이거나 관계일 수도 있다. 그러나 싱담의 이론에서도 언급하지만 실제적으로 주호소문제만을 상담하지는 않는다. 처음에 자신이 생각한 이슈가 A였지만, 새로운 이슈 B가 드러날 수도 있다. 또한 B가 사라지고 C가 될 수도 있고, 다시 A가 될 수도 있다. 주호소문제를 염두하면서도 그것의 주변을 탐색하며 같이 바라봐 주어야 한다.

아이는 내게 '공식 사용법을 알고 싶다'고 말했다. 그리고 주변의 지지와 인정을 필요로 했다. 공식사용법을 몰라서 수학이 어렵고, 갑자기 떨어진 수학성적은 자신이 주변의 인정과 지지를 받기에는 충분치 못하다고 생각했을지도 모른다. 그리고 수학성적을 올려야 하는 생각과, 점점 어려워지는 수학 사이에서 어쩔 줄 몰라하며 여러 가지 방어기제를 돌리고 있었을지도 모른다.

아이는 조금씩 변해 가고 있었다. 자신이 무엇을 이야기하더라도 이해해 주는 안정감, 그리고 자신이 부족한 것을 드러내더라도 존중받을 거라는 확신을 토대로 자신이 원하는 것이 명확해지고, 표현되며, 그것이 지지받는 경험을 하게 되었을 것이다. 이제는 이러한 시도가 반복되고, 반복을 통하여 자신이 갖고 있는 지적 구조, 즉 자신의 스키마에 부합되거나 그것을 재구성하는 단계를 거칠 것이다.

힘차게 날아봐

힘차게 날아봐

7.

결국 겪을 일이야

상담의 이론에서 상담의 단계를 탐색단계, 통찰단계, 실행단계, 통합으로 구분한다. 한 개인이 자신과 세상을 바라보는 단계도 위의 네 가지로 구분될 수 있다.[1] 어떤 학자가 어떤 심리치료가 효과적이며, 다양한 치료의 상대적 효과가 어떠한지를 조사한 결과, 다양한 치료 방법(예, 내담자 중심, 정신분석, 인지행동, 체험치료 등) 중 어느 하나의 치료가 다른 유형의 치료보다 더 효과가 있다는 것을 찾지 못했다고 한다.[2]

진로 상담의 이론 중 하나인 진로전환 이론을 보면 전환을 해야 할 때 4종류의 영역을 점검한다고 한다. 자아(Self), 지지자(Supporter), 환경(Situation), 그리고 전략(Strategy)으로 나뉜다고 한다. 진로전환을 이룬 경험이 있는 사람이라면 위의 네 가지 영역을 모두 경험하거나 그러한 국면이 있음을 이해하게 된다.

---

[1] Clara Hill, 『상담의 기술』, 57.
[2] Clara Hill, 『상담의 기술』, 31.

자신 스스로를 돌아보는 과정, 세상을 바라보고 이해하는 과정, 진로전환을 행하는 과정은 이론가들의 정의처럼 꼭 들어맞거나 순서대로만 진행되지는 않는다. 그러나 이 과정을 직접 겪어 본 사람이라면 그 이론들이 이야기하는 면이 존재한다는 것을 부인하지는 않는다.

생애진로 그래프가 있다. 자신의 나이를 0살부터 지금까지의 나이 동안 자신의 삶을 돌아보는 것이다. 평행선을 하나 긋고 오른쪽으로 화살표를 긋는다. 그리고 수직선을 긋는다. 두 직선이 만나는 점을 시작으로 하여 나이가 들어갈수록 위로 올라가면 긍정적인 것, 아래로 표시하면 부정적인 것을 표시한다. 그렇게 자기 자신을 돌아보면 인생의 희로애락이 모두 있음을 알게 된다. 절망 중에도 희망이 있고, 기쁨 안에도 절망의 요소가 있음을 돌아보게 된다.

한 청년을 만나게 되었다. 그 청년은 중학교, 고등학교, 대학교를 어쩌면 별 어려움 없이 선택하고 졸업했다. 그런데 취직이라는 장벽을 만났다. 한 두 군데 취직을 했으나, 곧 그만 두었다. 그 과정에서 자신의 정체성의 혼란을 겪었다. 그동안은 진학을 통해서 자신이 누구인지를 알게 되었는데, 이제는 자기 자신을 직면해야만 했다. 청소년 기간 동안 미뤄왔던 작업을 시작하고 있다.

아이들이 수학공부를 한다. 대학 가려고, 혹은 재미 있어서, 그리고 남들이 다 하니까. 상대적으로 잘한다는 평가에 만족하거나, 잘못한다는 것에 좌절하는 가운데, 자신의 뜻과는 상관없이 진학이라는 목표를 이룬다. 재미를 찾아, 혹은 남들 따라가던 습관으로 세상을 경험하게 된다. 그동안 살아왔던 패러다임과 다르다. 갈등을 겪는다. 좌절을 맛본다. 대학이 이 문제를 해결해 주지 못하고, 수학문제 풀 듯이 답이 있어 보이지도 않는다. 남들은 나보다 벌써 다른 일에 앞서가는 것 같아서 자신이 끼여들 여지가 없어 보인다.

그동안 성취가 자기 자신이었다. 그리고 부모와 주변의 기대였다.

불안한 미래를 위한 해답이었다. 그러나 그것이 무너지고 좌절되면 마치 자기 자신을 잃어버린 것 같고, 자기 자신이 쓸모없어진 것 같다. 그동안 상대적 기준에, 주변의 평가로 지지받은 자신이 고스란히 무너지는 기분이다. 이러한 눈으로 나를 보면 절망적이고 사회를 보면 답이 없다. 울분을 감출 수 없다. 억울하다. 그동안 열심히 해 왔을 뿐인데, 내게 이런 일이 생긴 것이 너무 화가 난다.

상실 수업의 저자 엘리자베스 퀴블러로스에 의하면 불치병에 설린 사람들이 죽음을 받아들이는 5단계를 다음과 같이 정의했다.

부정, 분노, 협상, 우울, 수용.

지금은 이 단계 중의 어느 한 단계일 수도 있다. 혹은 남들보다 빠르게 혹은 내 생각보다 빨리 이 상황을 벗어나고 싶을 수도 있으나, 또다시 이 단계를 거칠 수도 있다.

그동안 경쟁에서 도태되지 않으려 했고 사람을 배려하지 않고 서로 사랑하지 않았던 나 자신을 돌아볼 기회가 될 수 있다.

결국 겪는다. 그리고 겪어야 한다. 그런 과정에서 자기 본질을 찾아가는 것이 비단 아이들의 일만은 아닐 것이고, 우리도 함께 같이 겪고 있다.

8.

도전이 도전이다

　어느 날이었다. 교회에 있는 초등학교 아이들끼리 숨바꼭질도 하고, 피아노도 치며 서로 어울려 놀고 있었다. 그런데 두 아이가 서로 다투기 시작했다. 그러다 한 명은 도망치고 다른 한 명은 따라가고, 그러다가 서로 마주 보면서 뭐라고 이야기하다가 또 도망가고 쫓아갔다. 쫓기는 아이는 억울한 표정으로 나를 바라보았고, 쫓아가는 아이도 얼굴이 벌겋게 상기되었다. 내 앞으로 불려온 아이들은 서로 억울하다는 듯 이야기했다.
　"쟤가요, 자꾸 절 괴롭히고 밀치고 아까 절 때리고 그랬어요."
　아이들은 "쟤가요"라고 상대에 대해서 먼저 이야기했다. 흥분을 가라앉히고 나는 아이들에게 '나'를 주어로 이야기를 해 보라고 했다. 처음에는 이야기하기 어려워했으나, 아이들은 "나는"으로 이야기를 시작했다.
　"저는요, 핸드폰 게임을 하고 싶었어요."
　"저도요."

결국 두 아이가 하나의 핸드폰 게임을 하고 싶었다는 것으로 결론이 났다. 두 아이는 하나의 게임을 서로 자신이 하려고 했기에 충돌이 일어났다는 것을 깨달았다. 그래서 두 아이는 게임기 사용 규칙을 세웠다. 아이들은 다시 사이좋게 놀았다.

나는 곧 대학원을 졸업한다. 주변에서는 공부를 더하기를 바라고 있다. 나도 입으로는 그렇게 말한다. 그러나 나는 정작 진학 준비는 하지 않고 있는 나를 발견한다. 영어시험도 준비해야 하고, 무엇도 더 해야 하는데, 정보도 더 알아내야 하는데, 만약 누군가가 나를 보며 '당신은 진학을 하고 싶어하지만 준비는 하지 않는다'라고 말하면 내 마음이 불편해질 것이다. 맞는 말에 대한 자동적인 반응이다. 지적당하는 느낌까지 가질지도 모르겠다.

이런 말은 아주 예의 있고, 나를 너무나 잘 알고, 나를 아주 좋아하는 사람이 해 주어야 받아들일 것 같다. 그냥 지나가는 사람이 척 보고 이야기한다면 내 마음에서 저항이 일어날 것 같다. 이런 말은 나 스스로에 대해 호기심을 갖도록 격려하는 개방형 질문이어야 하고, 나 스스로 책임감 있게 해야 할 일에 대해서 더 깊이 생각하도록 만드는 것이어야 할 것이다.

아이들이 학원이라는 곳에 들어온다. 수학이라는 과목을 공부한다. 주변은 학원에서 혹은 학교에서 수학이라는 공부를 더 하기를 원하고 있다. 그 점을 아이들이 더 잘 안다. 자신에게 주어진 의무와 기대를 아이들은 따르려고 이 시간에도 노력할 것이다. 그런데 정작 공부는 안된다. 손에 잡히지 않는다. 실제로 공부를 하는 척은 하겠지만, 공부가 안된다. 이럴수록 주변의 기대가 더욱 무겁게 느껴지며, 지워진 기준에서 점점 멀어지고 있다는 것이 두렵기까지 할 것이다.

도전의 두려움. 다른 누군가가 아니라 내가 그렇다. 나 역시 주변의 기대와 다르게 행동한다. 성인인 나 역시도 주변의 기대를 실망시키고 싶지 않다. 내 스스로 선택할 수 있음도 잘 안다. 하지만 나의 선택으로 인한 책임, 그 '책임'이라는 단어가 내겐 무겁다. 누군가가 완벽한 선택을 해 주었으면 한다. 그래서 좀 더 나보다 많이 알고, 나보다 현명한 이가 판단해 주기를, 그리고 나의 부족함으로 섣부른 판단을 하지 않기를 계속 기다리는지도 모르겠다.

나의 욕구가 정말 자신의 욕구인지 혹은 다른 이의 욕구인지를 스스로에게 물어본다. 즉, 진학을 원하는 것이 상대의 욕구이지만, 진정으로 나로부터의 소리인지 듣는 것이다. 또한 내가 나에게 나의 감정에 대해 말하는 것이 힘들다는 것도 인정한다. 나는 다른 사람이 나에 대해서 이야기를 하는 것에 익숙했다. 다른 사람이 내게 어떤 기대를 가지고 있는지 듣는 것 말이다. 하지만 내가 지금 무엇을 느끼고 있고, 그것이 무엇인지 이야기해 보는 것, 표현해 보는 것이 필요하다. 도전이란 누구에게든지 도전이 될 것이다.

9.

자신을 뛰어넘어 봐

　우리는 살면서 익숙한 것과 익숙하지 않은 것을 만나게 된다. 익숙한 것을 나 자신의 성향이라고 이야기하는 경우가 있다. 어떤 경우는 좌절의 경험으로 자신의 기능들 중 전혀 사용하지 않는 것이 있기도 하다. 나의 성향이 '관계지향적' 혹은 '목표지향적'이라는 것도 자신을 알아가는 결과일 것이다.

　나의 심리검사 결과를 보면 자율적인 성향이 상대적으로 강하고 인내력이 거의 없다. 나는 다른 사람들과 다른 독특한 생각과 시도를 한다. 그러나 이것을 꾸준히 지속하는 인내력이 없다. 그러다 보니 관계에서 불안함을 많이 느꼈다. 예를 들어 즉흥적으로 약속을 하고 그 약속을 잘 지키지 못한다. 그래서 사람들에게 피해를 주는 일이 종종 있다. 그러다 보니 같이 하는 일이 두려워지고, 팀으로 하는 일을 몇 번 고사한 적이 있다. 몇 번 이러한 경험을 하다 보니 나의 생각이 강화되어 신념이 되었고, 나 자신을 정의하게 되었다.

　어느 강아지가 목에 줄을 메고 살았다. 처음에는 도망치려고 몇 번

시도했으나 그 줄이 강아지를 묶었다. 가엾은 주인은 그 강아지가 뛰어다니기를 바라면 목에 줄을 풀어 주었다. 그러나 그 강아지는 목에 줄이 없음에도 자기의 집 밖으로 나가지 않았다. 목에 줄이 메어진 것에 익숙했기 때문이다.

나 자신을 발견한다는 것, 나의 성향을 파악하는 것은 무척 중요하다. 자기 자신을 모른채 살아가는 것은 불편하기도 하고 어쩔 때는 고통스럽기도 하다.

그러나 나 자신에게만 머무른다는 것, 즉 자신이라고 믿었던 자신은 혹시 어릴 적, 혹은 몇 번의 시도 후에 결정한 일반화의 오류는 아닐까?

물론 지금의 모습으로 충분히 잘 살고 있다고 항변하고 있을지도 모른다.

내가 충족되면 어느덧 나 자신을 넘어서 이웃을 돌아보게 된다. 내가 가진 것으로 이웃을 돕게 된다. 어떤 때는 그 사람이 필요한 것을 제공하기 위하여 나의 불편함을 감수하기도 한다. 어떤 목적을 위해서 나를 희생하는 것을 배우고 익힌다. 그 과정이 불편하고 힘들고 고통스러워 그만하고 싶은 생각이 들지만, 그렇게 나를 뛰어넘어 공동의 이익을 추구하곤 한다.

어떤 사람은 공동의 이익을 우선하며 사는 것이 익숙하다. 나 자신의 욕구나 생각 등은 공동의 이익과 공동의 선을 위해서는 미뤄도 괜찮다고 생각한다. 약속을 하고, 약속을 지키는 것이 최선의 것이다. 어떤 기준을 지키는 사람도 있고, 그렇지 못한 사람도 있다. 그 기준에 따라 사람을 판단하게 된다. 그 기준에 따라서 개인사나 주관적인 것을 무시하는 데 익숙해진다. 그리고 자신의 성과를 자기 자신이라고 생각하고 성과 달성을 위해서 달리고 있을지도 모른다.

돌아보면 성과의 목적은 결국 사람이다. 처음에 그렇게 목표를 세우게 된 계기를 돌아보게 된다. 사람을 위해서 성과를 희생해야 하는 경우가 생긴다. 자신의 가치관을 확장시켜야 한다. 또한 내 생각대로 되지 않는 것을 경험한다. 내 성과가 추구하는 공동의 선은 결국 사람임을 깨닫게 된다. 그리고 그것에 달성하지 못하더라도 누군가의 위로와 지지로 일어나는 경험을 한다.

그동안 나 자신이라고 규정했던 것을 뛰어넘는 일이 생긴다. 익숙하지 않은 상황에 불편을 호소한다. 새롭다. 고통스럽기까지 하다. 그러나 이깃은 새로운 것을 경험하는 기회가 된다. 그동안은 누군가와의 불안과 두려움으로 관계를 피해 왔다면, 혹은 업적과 성과가 달성되지 못할까 봐 초조하고 염려하며 살아왔다면, 그러한 자신을 뛰어넘어 새로운 자신과의 즐거운 도전을 시도할 수 있을 것이다.

10.

최선을 다해 봐

한국상담대학원대학교의 총장인 이혜성 박사는 상담자와 내담자와의 관계에서 이루어지는 상담을 다음과 같이 정리하였다.

① 상담을 받으려는 이유는
  ㉮ 되고 싶은 자신이 안 되고
  ㉯ 하고 싶은 일을 못하고 있기 때문이다.
② 내담자는 "되고 싶은 자기: 자기의 주체성 확립"과 "자기가 하고 있는 일을 제대로 하기: 타인과의 관계성 회복" 의욕을 가진 "고뇌하는 개인"이다.
③ 상담화 과정은 자기 자신과의 내적 투쟁(갈등, 좌절, 고통 등의 통찰)을 상담자의 개입으로 개념화하는 과정이다.

이러한 주장의 배경에는 그녀의 독특한 이력이 함께 한다. 국문학과를 졸업하고 교편을 잡았으나, 입시 위주의 교육이 그리 그녀의 마음에 들지 않았다. 그래서 그녀는 젊은 시절 미국 유학길에 올랐다. 당시 지금으로부터 40년 전에는 그 지역에 아시아계는 자신밖에 없었고, 영어로 일상적인 대화를 하기도 힘들었다고 고백한다.

그런데 그러한 그녀에게 주어진 첫 번째 과제는 흑인 소녀를 상담하는 것이었다. 새로운 환경에서 휘둘리던 그녀의 어려움은 쉽게 짐작할 수 있다.

언어도 안되는 그녀가 얼마나 걱정하고 힘들었을까?

그렇게 어렵게 결과물을 제출한 그녀에게 상담교수의 의견은 다음과 같았다.

> 내가 만약 한국어로 상담을 한다면 지금 네가 보여 주는 것처럼 할 자신이 없다. 그리고 상담은 언어와 비언어적인 행동으로 이루어지는 과정이므로 네가 내담자에게 몸 전체로 보여 주는 관심과 진지한 표정으로도 내담자에게 많은 도움을 줄 수 있다고 생각한다.[3]

그 교수는 그녀의 언어적인 한계를 지적하지 않았다. 오히려 언어를 넘어선 비언어적인 행동으로 이루어지는 것을 격려했고, 그 사람의 입장이 되어 힘을 주었다. 그러한 격려를 받은 그녀는 다음과 같이 회고한다.

> 나는 내가 아무리 어리석은 이야기를 꺼내더라도 이들로부터는 무안을 당하지 않으리라는 안도감과 확신이 있었다. 그 이유는 그들의 경청하는 태도 때문이었다.[4]

---

[3] 이혜성, 「문학상담」 (서울: 시그마프레스, 2015), 30.
[4] 이혜성, 「문학상담」, 36.

경청의 힘이었다. 경청이란 상대의 말을 알아듣는 것이 아니라, 상대방에게 관심을 갖는 것이다. 당신이 소중하다는 것을 느끼게 해 주는 것이다. 상대의 장점을 찾아 주는 것이었다.

이 시간에도 아이들이 수학을 배우러 온다. 각자 자신의 환경에서 최선을 다하고 있다. 만약 내가 이 아이들의 입장이라면 지금 이 아이들보다 더 잘할 자신이 솔직히 없다. 사회는 더 복잡해졌고 가치관도 다양해졌다. 학습만 잘한다고 되는 시대가 아니라며 시험의 종류도 다양해졌다. 지필고사 이외의 수행 평가 및 현장 학습 등의 다양한 과제들이 늘어났다.

수학이라는 과목을 공부하는 것이 성취와 진학 목적을 넘어서 그 안에서 자기 자신을 발견하는 것, 할 수 있는 것만 하는 것이 아니라 하지 못하는 것도 도전해 보고 그 안에서 적절한 갈등과 좌절과 고통을 경험하는 것, 계획을 세우지만, 뜻하지 않은 상황에도 닥쳐보고 그것으로 자신만의 이야기를 만들어 보는 것, 그런 이야기를 함께 쓰고 있다는 것이 오늘 나를 다시 일어서게 한다.

힘차게 날아봐

11.

결과에 정직하자

누구나 시험을 잘 보기를 원한다. 합격하길 원한다. 시험을 잘 보면 여러 가지 얻는 것들이 많다. 당장에 나 자신의 가치가 올라간다. 그리고 부모님이나 친구들로부터 칭찬과 찬사를 받는다. 또한, 우리의 미래가 좀 더 안전해지고 좋은 직장을 보장받는다. 반대로 시험을 잘못 보면 잃는 것이 많다. 그동안 노력했던 것이 헛수고가 되고, 시간과 비용을 버린 것처럼 느껴질 것이다. 또한 이로 인해서 부모님이나 친구들로부터 비난을 받을 수도 있다.

학교 다닐 때 습관 중에서 지금도 남아 있는 것이 있다. 시험을 보고 나면 무조건 못봤다고, 망쳤다고 떠드는 것이다. 왜냐하면 그 후에 생각보다 결과가 좋으면 기분이 좋고, 혹시라도 점수가 낮더라도 생각보다 높기에 괜찮기 때문이다.

10여 년 전, 미국 공인회계사 공부를 했었다. 하지만 시험에서 불합격했다. 이 사실이 가족들에게 면목이 서지 않는 일이 되었다. 그런데 생각을 해 본다.

'만약 이 시험에 내가 합격을 했다고 해도, 바로 취업이 되었을까?'
아니, 솔직히 자신이 없었다. 그 이유는 나의 내면의 실력에 대한 확신이 없었기 때문이었다. 내가 미국사람들과 언어를 소통해 가면서 외국어로 된 재무제표를 볼 수 있다는 확신이 들지 않았다. 그리고 대가를 치러 가면서 그곳에서 일을 하려는 생각이 점점 줄어들었다. 물론 불합격되었기 때문에 이런 이야기를 할 수도 있는 것이지만. 그렇다면 '애초에 시험공부를 하지 말 것이지'라는 후회가 들기도 한다. 하지만 삶은 내가 예상하지 않은 방향으로 흘러간다는 것을 잘 알고 있고, 모든 과정이 의미가 있을 것이라는 믿음을 갖고 있다.

어느 책에서 시험 제도를 비판하는 글이 나왔다. 점수와 실력이 다르기에 정직한 점수가 아니고, 점수가 높으면 실력도 높아야 하는데 그렇지 못하므로 점수는 그냥 참고 사항이라는 것이다. 곰곰이 생각을 해 보면 이것이 그리 큰 과장은 아닌 것 같다.

"무한도전"이라는 TV프로그램에서 멤버들끼리 자동차 경주 시합을 하는 것을 본 적이 있다. 모든 멤버들이 각자의 팀과 차량을 제공받아서 훈련했다. 그들끼리 토너먼트도 하고 예선을 거치면서 서로 격려하고 응원해 주었다. (기억이 맞다면) 유재석과 정준하가 목표로 하던 결선에 올라가야 하는데, 문제가 생겼다. 유재석의 차가 며칠 전 사고로 인해서 결승에 나설 수 없는 상황이 발생한 것이다. 그리고 혼자서 결선에 올랐던 정준하도 자신의 연습 때보다 못한 결과표를 받았다. 정준하가 미안하고 실망스런 마음에 멤버들에게 다가왔고 멤버들에게 미안하다고 했다. 그러자 유재석은 이야기한다.

"그래도 형은 달리기라도 했잖아."

도전조차 할 수 없었던 유재석의 심정은 그저 트랙을 돌 수 있는 정준하를 부러운 듯 쳐다보았다. 그는 결과를 받아들였다. 비록 실패의 결과였지만.

힘차게 날아봐

12.

무엇이 된다는 것

진로교육에 작가로 소개받고 강의를 갔다. 이럴 때마다 무슨 이야기를 해야 하는지 쉽지 않다.

'작가를 하기 위해서 무슨 준비를 해야 하는지?'

'작가는 얼마 버는지?'

'전업 작가가 아닌데, 그럼 어쩌지?'

네이버에 작가를 검색한다. 시나리오 작가, 방송 작가, 드라마 작가, 여행 작가. 이런. 내가 작가라고 이야기할 수 없겠다는 생각이 갑자기 든다. 몇 십억씩 버는 성공 스토리가 나의 기를 죽인다. 괜한 강의를 했나 싶었다.

수업 중 한 아이에게 커서 뭐가 될지를 물었다. 자신은 건물주를 하고 싶다고 했다. 그 이유를 물었다. 건물을 사서 편안하게 월세를 받으면서 살고 싶다고 했다. 오히려 이러한 꿈을 이야기할 수 있는 아이들이 건강하다는 생각까지 든다.

하루는 인터넷에서 '교사'를 검색했다. 교사가 되려면 교대를 들어가야 하고 임용고시를 봐야 하고, 그곳에는 경쟁률이 얼마이고 등등. 이것을 보면서 나는 교사를 하고 싶다는 말을 꺼내지 못했다. 하지만 나는 가르치는 일을 하고 있다. 그렇기에 나는 교사라고 불릴 수 있다.

나는 누군가를 돕는 일을 좋아한다. 반대로 나로 인해서 피해를 받는 것을 싫어한다. 어떤 원칙을 세우는 것을 힘들어 한다. 원칙대로 하면 누구나 좋다는 것을 경험해야 그제서야 원칙을 지키려고 노력한다. 그 전까지는 그것이 어렵다.

삶의 방법을 크게 목표발견형과 목표추구형으로 구분할 수 있다. 목표추구형은 되고 싶은 것을 이루는 것이다. 꿈과 목표를 설정하고 그것을 위해 내가 해야 할 일(Things to do) 목록을 세운다. 그리고 비슷한 꿈을 가진 사람들과 자료를 찾아서 벤치마킹을 하면서 갈 길을 그릴 것이다. 또한 "할 일"을 언제까지(By when) 해야 하는지를 정해놓을 것이다. 그리고 매시간 혹은 매일 잠자리에 들기 전에 한 일과 못한 일을 확인한다. 그리고 했다면 했다는 성취감으로 기뻐하고, 하지 못한 일들은 어떻게 해야 마무리 지을지 계획을 세울 것이다. 그러다 보면 하나하나 성취하는 재미와 어느덧 큰 일을 이루고, 그 경험을 나누고 싶어 할 것이다.

반면에 목표발견형은 현재 있는 위치에서 목표를 잡는다. 먼저 자신이 사용할 수 있는 자원을 탐색한다. 그래서 가진 것으로부터 좋아하거나 할 수 있는 일을 시작한다. 그러면서 사람들의 반응과 자기의 기쁨을 확인하며 조금씩 쌓아 간다. 끝에 어떻게 펼쳐질지는 자기 자신도 모른다. 그리고 누구에게도 설명할 자신이 없다. 다만, 지금 하는 일이 힘들더라도 기쁨을 느끼는 방식을 스스로 깨달아가면서 전진해 간다. 중간에 길을 바꾸기도 하지만 그 결과는 상상을 초월할 정도로 클 수 있다.

나를 포함한 이 시대의 우리 아이들은 자신이 잘하면 기뻐하지만 혹시라도 어떤 일에 좌절하고 넘어졌을 때, 목표에서 멀어짐을 걱정하는 것이 아니라, 넘어진 바로 그 자리에서 내가 지금 무엇을 할 수 있을지 찾고 길을 만들기를 바란다.

수학을 못한다고 생각하면 수학을 잘 하기 위해 노력할 수도 있다. 아이들이 지금 나의 모습 그대로가 어떻게 세상에 이바지할지를 생각하고, 주변에서 이를 찾아주어 서로 격려받았으면 좋겠다.

13.

동행 일기(4)

책을 쓸 때도 그랬다.
내가 가장 잘할 수 있는 방식으로
내가 가장 쓰고 싶었던 내용으로
내가 알고 있는 만큼으로 쓰기로.
그 책에 대해서 단 한 명만 공감한다 해도…
그걸로 족하다 생각했다.
수학학원을 시작했다.
그동안 주변 학원의 방식도 관찰하고
학부모들의 생각과 요구에 맞춰보기도 했고
나 스스로도 무엇이 가장 좋은지 생각하면서
결국은 같은 결론을 얻었다.
내가 가장 잘할 수 있는 방식으로
내가 가장 가르치고 싶었던 내용으로
내가 알고 있는 만큼으로 가르치기로.

그렇게 결심하자
내 마음에 평안과 기쁨이 온다.
내가 할 수 있는 만큼만.

상담자의 일은 '누가 우수하냐?'가 아니라
'그 사람의 어떠한 면이 우수하냐?'를 찾는 것이다.

– 이혜성, 『내 삶의 네 기둥』, 136

~에게 _____

- 학생들에게
- 학부모들께
- 선생님들께

학생들에게

학생들에게

1.

내가 가진 것으로

나는 성경을 좋아한다. 특히 기적의 이야기를 읽을 때마다 짜릿하다. 그리고 그러한 일들이 여전히 우리에게도 일어나고 있고, 그 일들을 통해서 힘을 얻곤 한다.

성경에 열왕기하 4장을 보면 엘리사라는 선지자와 두 아들을 둔 과부의 이야기가 나온다.

> 선지자의 제자들의 아내 중의 한 여인이 엘리사에게 부르짖어 이르되 당신의 종 나의 남편이 이미 죽었는데 당신의 종이 여호와를 경외한 줄은 당신이 아시는 바니이다 이제 빚 준 사람이 와서 나의 두 아이를 데려가 그의 종을 삼고자 하나이다 하니(왕하 4:1).

한 과부가 있다. 그리도 두 아들이 있다. 남편이 죽었다. 어떻게든 살아보려고 했지만 빚을 지게 되었다. 그런데 빚을 갚을 수 없다 보니 두 아들을 종으로 보내야 하는 상황이 벌어진다.

엘리사라는 선지자가 있다. 선지자란 하나님의 계시를 받고 말씀을 대언하기도 하고, 하나님의 능력을 받아 기적을 베풀기도 하는 사람이다. 이 모든 자초지종을 들은 선지자인 엘리사는 이 여인에게 묻는다.

> 네 집에 무엇이 있는지 내게 말하라(왕하 4:2).

이 여인은 자신이 무엇을 가지고 있는지 말한다.

> 기름 한 그릇 외에는 아무것도 없나이다(왕하 4:2).

그 당시에 기름은 재물과 다름 없었다. 성전에서 헌물로 받는 종류 중의 하나이기도 했다.

> 이르되 너는 밖에 나가서 모든 이웃에게 그릇을 빌리라. 빈 그릇을 빌리되 조금 빌리지 말고(왕하 4:3).

그런데 선지자 엘리사는 과부에게 상식적이지 않은 이상한 주문을 하기 시작한다. 돈이 없다고 왔는데 돈을 주지 않는다. 네가 기름을 갖고 있으니, 기름을 채울 그릇을 빌려오라고 한다. 그것도 많이 빌리라고 한다.

> 너는 네 두 아들과 함께 들어가서 문을 닫고 그 모든 그릇에 기름을 부어서 차는 대로 옮겨 놓으라 하니라(왕하 4:4).

문을 닫고 기름을 부으라고 한다. 그리고 차는 대로 기름을 옮겨 놓으라 한다. 그리고 가진 것으로 축복한다. 그것을 믿고 그릇을 빌리라고 한다.

> 여인이 물러가서 그의 두 아들과 함께 문을 닫은 후에 그들은 그
> 릇을 그에게로 가져오고 그는 부었더니 그릇에 다 찬지라 여인이
> 아들에게 이르되 또 그릇을 내게로 가져오라 하니 아들이 이르되
> 다른 그릇이 없나이다 하니 기름이 곧 그쳤더라(왕하 4:5-6).

빌려 온 모든 그릇에 기름이 다 차자 기름이 그쳤다.

> 그 여인이 하나님의 사람에게 나아가서 말하니 그가 이르되 너는
> 가서 기름을 팔아 빚을 갚고 남은 것으로 너와 네 두 아들이 생활
> 하라 하였더라(왕하 4:7).

엘리사는 그 과부에게 기름을 팔아 빚을 갚고, 나머지로 생활하라고 명한다.

우리는 알게 모르게 가지지 못한 것, 남이 더 가진 것을 바라보게 된다. 하지만 이 과부에게 벌어진 일처럼, 우리는 우리가 가지고 있는 것이 무엇인지를 알아야 한다.

예전에 대기업에 면접을 보러 갈 일이 있었다. 면접관은 나에게 서류를 주욱 훑어보더니 한마디 질문을 했다.

"자네, 잘하는 게 뭔가?"

그 질문에 아무 말도 할 수 없었다. 평소에 생각해 보지 않은 질문이었기 때문이다. 물론 그 회사에서 떨어졌다.

우리에게 물어보신다.

"네게 무엇이 있는지 말하라."

그것으로 축복하신다.

2.

긍정의 언어

하나님을 믿기 전에도 이 자연계에 질서가 분명히 존재한다고 생각했다. 그리고 하나님을 조금씩 알기 시작하고 성경을 읽으면서 몇 가지 삶에 적용 가능한 원리들을 발견했다. 그중의 하나가 언어의 중요성이다.

요한복음 1장 1절을 보면 다음과 같이 쓰여 있다.

> 태초에 말씀이 계시니라 이 말씀이 하나님과 함께 계셨으니 이 말씀은 곧 하나님이시니라(요 1:1).
> In the beginning was the Word. And the Word was with God, and the Word was God(John 1:1).

우리말로 "말씀", 각주에는 "로고스"라고 되어 있는 부분의 영어 성경이 "Word"라고 되어 있다. 대문자로 시작하니까 고유명사일 것이다. 'word'란 단어, 말, 언어이다. 오늘도 내가 입으로, 글로, 말로 사용하는 언어이다. 사실 별거 아니라고 생각하고 넘어갈 뻔했는데, 요한복음 1장 3절을 보고 더 재미있는 것을 발견했다.

> 만물이 그로 말미암아 지은 바 되었으니 지은 것이 하나도 그가 없이는 된 것이 없느니라(요 1:3).
> Through him all things were made; without him nothing was made that has been made(John 1:3).

'그'라는 것은 'him'이고, 앞에서 언급된 'Word'를 가리킨다. 즉, 말씀을 통해서("Through him") 만물("all things")이 만들어졌다고 선포된다. 문득, 언어의 중요성을 다시 한번 생각해 보게 되었다.

내가 상담을 전공하면서 가장 신경 쓰는 부분은 언어, 말이다. 그리고 내담자(상담을 받는 사람)가 경험의 변화를 일으키는 것이 바로 '소리 내어 말하기'였다.

하루는 취업준비생과 점심을 먹을 기회가 있었다. 나는 그의 손을 잡고 소리를 내어 이 청년을 위해 기도했다. 잠시 후, 그 청년이 자신이 기도를 하고 싶다고 했다. 그리고 기도하기 시작했다.

"저 힘들어요. 어떻게 살아야 할지 모르겠습니다."

잠시 청년은 말을 잇지 못했다. 청년은 나에게 고백했다.

"신기하네요. 소리 내어 말을 하니 마음이 참 다르네요."

많은 학자들이 말에는 힘이 있다고 이야기한다. 그리고 그것에 관한 많은 논문들과 이론들을 발표한다.

말이 어느 정도 힘이 있는지 성경에서 단적으로 보여 주는 예가 있다. 성경에서 하나님이 세상을 창조하는 과정을 보여 주는 창세기 1장을 보면 다음과 같은 성경 구절이 나온다.

하나님이 이르시되 빛이 있으라 하시니 빛이 있었고(창 1:3).
And God said, "Let there be light and there was light(Genesis 1:3).

하나님이 이르셨다(God said).
빛이 있으라(Let there be light).
그러자 빛이 있었다(and there was light).

하나님이 빛을 만드실 때 말씀으로 하셨다고 한다(손수 만드신 것은 인간이다. 이것도 우리를 감동시킨다).

인터넷 댓글 때문에 사람의 목숨이 좌지우지되기도 한다.

한마디의 악플과 한마디의 선플이 어떤 힘이 있는지 우리가 지금 겪고 있지 않은가?

살리는 말을 하자.

칭찬의 말을 하자.

잘 될 것이라고 말하자.

잘하고 있다고 말하자.

그것이 우리가 말을 사용하는 방법이다.

3.

우리는 하나님의 작품

나도 가끔 문제 때문에 힘들기도 하다. 어떠한 문제 때문에 힘들어지면 상대를 탓하기보다는 스스로 자책하는 편이다. 왜냐하면 상대를 공격하면 문제가 더 커진다는 것을 경험상 알고 있기 때문이고, 상대에게 무언가를 지적하는 말을 잘 못하기 때문이다.

어느 날, 문제가 점점 꼬여 가는 것 같았다. 조용히 성경을 갖고 침대에 앉았다. 이 상황을 만든 나 자신을 용서할 수 없었다. 화가 나면 나는 밥을 안 먹는다. 아니, 나에게 밥을 안 먹인다. 그리고 더 화가 나면 혼자서 나 자신한테 욕도 한다(이 책에서는 긍정의 언어를 사용하라고 하지만 나도 그게 잘 안될 때가 있음을 고백한다). 그렇게 나에 대한 분노를 거듭하고 있을 무렵, 성경 구절 하나를 떠올렸다.

> 하나님이 자기 형상 곧 하나님의 형상대로 사람을 창조하시되 남자와 여자를 창조하시고(창 1:27).

몸의 기관을 생각하면 기묘하기 짝이 없다. 하루는 아내가 발가락 골절을 당해서 병원에 갔다. 의사 선생님은 골절에 대해서 설명을 하셨다.

"뼈가 금이 가면 그 틈에서 골진이 나옵니다. 찐득한 골진이 나와서 뼈를 잡아 주고, 그 사이에서 뼈가 붙게 되지요."

공학을 전공한 내가 만약에 사람의 뼈와 같은 장치를 설계하고 만들어야 한다면, 돈 많이 들 것이다. 수백억 원짜리 비싼 건물의 스프링클러가 오작동하여 물이 샜다는 기사를 본 적이 있다.

그렇다면 우리의 몸은 얼마나 비싼 것일까?

성경의 시편은 하나님을 찬양하는 노래가사이다. 이 가사 중에 이런 표현이 있다.

> 주께서 내 내장을 지으시며 나의 모태에서 나를 만드셨나이다 (시 139:13).

주님이 내 내장을 지었는지 증명할 길은 없다. 도대체 봤어야 말이지. 그런데 내 내장들을 곰곰이 들여다보면 참으로 기묘하다. 그 기묘함을 생각하다 보면 자연스럽게 절대자를 생각하지 않을 수 없을 것 같다.

지금 내 모습이 내 마음에 들지 않는다고 하여, 혹은 실패로 인하여 나 자신이 문제라고 판단하며, 하나님의 작품에 대하여 불경스런 욕을 하는 것은 문제가 있지 않은가?

'그래, 우리는 하나님 형상이다. 하나님 작품이야. 하나님 작품을 비난하면 안 되지. 우리가 뭘 안다고 작품을 평가하겠어. 작품 평가는 전문가가 해야지.'

어머니가 뇌경색으로 입원을 하셨던 적이 있다. 병원비와 간병비 포함해서 한 달에 400만 원의 병원비를 지불해야 했다. 어머니의 소원이자 목표는 두 다리로 스스로 일어나 걷는 것이었다(감사하게도 지금 지팡이를 짚고 일어나 계신다). 학원에 헐레벌떡 지각하는 아이들도 있고, 오늘도 학원에 안 나오는 아이들도 있다. 지각하고도 손들고 화장실을 간다고 말한다. 그때 나는 속으로 한마디한다.

'그래. 두 다리로 걷고 싶은 대로 걷는 너희들이 월 400만 원 벌고 있는 거 알지?'

4.

권위에의 순종

나의 아버지는 나를 자유롭게 양육하셨다. 특별히 규칙을 언급하시지 않으셨다. 그래도 학교에서 공부를 잘했다. 아버지도 별 말씀 안하시고, 공부를 잘하니 여러 가지 장점들을 누릴 수 있었다. 내가 자유롭게, 익숙한 방식으로 선택하는 것이 좋았다.

하지만 시간이 지나면 지날수록 혼자서 할 수 있는 일이 점점 줄어드는 것을 발견했다.

어려움을 겪지 않았고, 과제를 부여받지 못한 경험 때문일까?

내가 무엇이 필요한지 도움을 요청하는 것이 쉽지 않았다. 결국, 나는 조직 생활에서 실패했다(물론 실패도 하나님의 뜻이라고 믿는다).

권위에 대해서 생각해 본다. 우리가 권위에 대해서 올바르게 배울 기회를 갖지 못했던 것 같다. 가정에서의 권위는 부모님이다. 학교에서는 선생님이다. 반에서는 반장일 것이다.

그런데 부모님 말씀을 잘 듣거나 학교에서 선생님 말씀을 잘 듣는 것이 그리 매력적으로 보이지 않는다. 오히려 부모님의 말씀에 토를

다는 것, 모두가 '예'라고 할 때, 혼자서 '아니오'라고 하는 것을 멋있어 보인다.

물론 부모님보다는 인터넷의 정보가 더 정확하고, 학교 선생님의 가르침보다는 인터넷의 강사가 더 매력적이고 더 공감적이며 더 훌륭한 것 같다. 심지어는 같은 말이라 하더라도 나와 관계없는 옆집 아저씨의 말을 더 잘 듣게 된다.

이런 경향은 비단 청소년뿐만은 아닌 듯싶다. 내가 다니는 교회에서도 매주 설교하시는 목사님의 말씀에는 반응이 별로 없다가, 같은 말씀인데도 다른 곳에서 오신 목사님의 같은 말씀이 왠지 더 신선하게 들린다.

가까이 있는 자보다 더 멀리 있는 자의 말이 더 옳아 보이는 우리의 마음과 판단에 성경의 로마서는 다음과 같이 말씀한다.

> 각 사람은 위에 있는 권세들에게 복종하라 권세는 하나님으로부터 나지 않음이 없나니 모든 권세는 다 하나님께서 정하신 바라 (롬 13:1).

내가 회사의 직원으로 일을 했고, 또한 학원강사로 지원하여 강사생활을 했다. 원장을 하면서 학원강사를 채용을 해 보기도 했다.
어느 공동체의 리더가 되어 보니 이런 사람이 참 감사하다.
단체 행사나 모임이 꼭 참여해 주는 사람.
회비나 약속을 꼭 지켜 주는 사람.
나의 이야기를 들어주고 실천해 주려는 사람.
반대로 회비를 안 내거나, 사사건건 반대하거나, 모임에 참여하지 않으면 참 속상하기도 하고, 다시는 그 사람과 일을 하고 싶지 않은 마음이 든다.

> 그러나 칼이 임함을 파수꾼이 보고도 나팔을 불지 아니하여 백성에게 경고하지 아니하므로 그 중의 한 사람이 그 임하는 칼에 제거 당하면 그는 자기 죄악으로 말미암아 제거되려니와 그 죄는 내가 파수꾼의 손에서 찾으리라(겔 33:6).

내가 속한 공동체의 권위자는 하나님이시다. 권위는 하나님이 주신다. 하나님은 권위자인 파수꾼에게 임무를 주신다. 칼이 임함을 보면 나팔을 부는 임무이다. 그리고 백성은 파수꾼의 목소리를 의지해야 한다. 그런데 칼이 임함을 보고도 파수꾼이 나팔을 불지 않으면 파수꾼에게 죗값을 묻는다고 하셨다. 파수꾼에게 두려운 책임감을 주신다.

학교에서 아이들이 권위자를 대하는 방법을 배우기를 바란다. 권위자의 문제점을 지적하기 이전에, 그 문제점을 나 자신이 먼저 고치기를 바란다. 하나님을 믿는다면 기도를 먼저 하길 바란다. 그렇지 않다면 드러내지 않게 도와주길 바란다.

어느 날, 목사님이 설교하실 때 어디선가 갑자기 핸드폰이 울렸다. 설교 분위기가 흐려졌다. 조명 하나가 또 꺼졌다. 뭔가 어수선해지는 것 같았다. 그럼에도 목사님은 꿋꿋이 설교하셨다. 한 성도가 목사님의 말씀마다 "아멘", "아멘" 하고 외치기 시작했다. 그러자 다른 성도도 하나둘씩 "아멘", "아멘" 하기 시작했다. 목사님은 "아멘" 소리에 힘입어서 더 열심히 설교를 하고 내려오셨다. 결국 그 설교는 은혜롭게 끝났고 성도들도 많은 은혜를 받았다.

권위에 순종하고 협력하는 것을 배우고 훈련하자.

만약 권위가 마음에 들지 않는다면 그를 위해 기도하자.

권위는 하나님으로부터 온다.

5.

예배로 승리해 보기

성경을 보면 창세기 다음으로 출애굽기가 있다. 출애굽(出埃及)이란 이집트에서 나온다는 의미의 한자이다. '애굽'은 이집트를 의미하고, '출'은 나온다는 것을 의미한다. 출애굽기는 이집트에서 종살이하던 이스라엘 백성 약 200만 명이 독립되어 나오는 이야기이다. 이 과정에서 이스라엘 백성은 이집트를 나와 홍해가 갈라지는 기적을 체험하고 광야생활을 한다.

하나님은 지도자인 모세에게 성막을 지으라는 명령을 하신다. 출애굽기 31장을 보면 회막기구를 만드는 이야기가 나온다. 여호와 하나님이 당시의 지도자인 모세에게 말씀하신다. 그런데 이것을 영어성경으로 보면 흥미로운 사실을 발견한다.

> 여호와께서 모세에게 말씀하여 이르시되 내가 유다 지파 훌의 손자요 우리의 아들인 브살렐을 지명하여 부르고 하나님의 영을 그에게 충만하게 하여 지혜와 총명과 지식과 여러 가지 재주로 정교

한 일을 연구하여 금과 은과 놋으로 만들게 하며 보석을 깎아 물리며 여러 가지 기술로 나무를 새겨 만들게 하리라(출 31:1-5).
Then the Lord said to Moses, "See, I have chosen Bezalel son of Uri, the son of Hur, of the tribe of Judah, and I have filled him with the Spirit of God, with wisdom, with understanding, with knowledge and with all kinds of skills to make artistic designs for work in gold, silver and bronze, to cut and set stones, to work in wood, and to engage in all kinds of crafts"(Exodus 31:1-5).

영어성경으로 보면 이 문장들의 주어는 모두 "I", 즉 하나님와이다. 회막기구는 당시 기술의 집약체요, 예술의 완성체이다. 하지만 이를 위한 모든 것들의 주어는 바로 "I", 즉 "the Lord"(하나님)이다.

특히 3절에서 "I have filled him" 뒤에 붙는 5가지는 다음과 같다.

① with the Spirit of God.
② with wisdom.
③ with understanding.
④ with knowledge.
⑤ with all kinds of skills.

공대 출신인 나는 ⑤ "with all kinds of skills"가 참으로 갖고 싶다. 그런데 그것의 주어 역시 "I", 즉 "the Lord"(하나님)이다. 하나님의 성막을 짓기 위해 주님은 우리에게 우리에게 필요한 세상적인 것들을 공급하여 주신다. 성막을 짓고, 회막기구를 만들려는 거룩한 사명을 감당하려 한다면 (그 마음도 주님이 주시지만) 주님은 모든 것을 공급해 주신다.

1982년 9월 시카고에서 8명이 존슨앤존슨(Johnson & Johnson)이 생산하던 진통제 타이레놀을 복용하고 사망한 사건이 발생했다. 그러나 존슨앤존슨은 이를 숨기지 않고 양심적이고 신속한 대응함으로써 사건 발생 후 잃어버렸던 시장점유율을 1983년 5월에는 거의 회복했고 1986년에는 시장점유율이 오히려 35%까지 상승하는 결과를 낳았다. 경영학에서 가르치는 기업의 정직함으로 인하여 기업이 성장하게 된 사례이다.

이러한 사례들이 그저 어느 기업의 사례라고만 해야 할까?

많은 학자들이 이 기업을 성공 비결을 연구하고 논문을 쓴다.

공부를 하면서 예배를 드리는 것.

주일을 지키는 것.

당장에는 손해 같지만, 믿음으로 지켜본다면 무슨 일이 일어날 것인가?

한번 도전해 보는 건 어떨까?

학생들에게

6.

'잘못했어요' 고백하기

하루는 둘째 아들 승준이가 등교 중에 5천 원을 주웠다고 했다. 그것이 기쁜지 아침부터 아빠인 내게 전화를 했다.

"아빠, 나 돈 주웠어요. 대박~!"

대박이라는 말에 힘을 주어 이야기했다. 나는 잠시 생각후에 승준이에게 말했다.

"선생님께 자초지종을 이야기하고 돈을 드려라."

퇴근하고 집에 오니 아내가 조금은 심각한 표정으로 승준이 이야기 좀 들어달라고 했다. 승준이는 아침에 돈을 줍고 나서 아빠에게 전화를 했고, 아빠 말대로 선생님께 돈을 드리려고 했는데, 선생님이 자리에 안 계셔서 돈을 자기 주머니에 넣었다고 한다. 그 후 그 사실을 잊고 방과후에 자기가 다니는 수영교실에서 아는 형과 함께 천 원짜리 과자를 두 개 사먹었는데, 그 형이 돈의 출처를 물었다고 한다. 그래서 승준이는 길에서 주웠다고 하니, 그 형이 그럼 네가 도둑놈이라면서 경찰에 신고하겠다고 했고, 그 말을 들은 승준이는 잔뜩 겁을 먹은 채 집에서 하루 종일 걱정에 휩싸여 있다는 것이다.

나는 그 이야기를 들으며 나와 하나님을 떠올리게 되었다. 나 역시도 언제나 죄를 짓는다. 죄는 하나님을 가까이 하지 못하게 하고, 우리는 이것을 인간적인 방법으로 해결하기 위하여 근심과 걱정, 염려 등으로 묶이며 더더욱 하나님과 멀어진다.

나는 승준이에게 칭찬해 주었다. 먼저 이 사실을 아빠에게 알리고 자신이 잘못한 것도 숨기지 않고 알려 준 승준이를 칭찬했다. 그리고 덧붙였다. 죄를 지으면 이렇게 하루 종일 걱정하며 산다는 것을 이야기했다. 그리고, 그 형이 나쁜 사람이기에 그 형을 탓할 것이 아니라, 이것이 하나님의 신호인 것 같다고 이야기해 주었다. 같이 기도하자고 했고, 기도 후에 나는 5천 원을 승준이에게 주면서 이야기했다.

"승준아, 이 5천 원을 내일은 꼭 선생님께 갖다 드리렴. 그리고 어제 그 형하고 먹은 과자는 아빠가 사 준거야."

다음날, 승준이는 선생님께 5천 원을 준 사실을 말씀드렸고, 선생님은 괜찮다며 승준이에게 다시 돌려주었다고 했다. 그런데 승준이는 아빠의 말을 기억하고 선생님이 안 계실 때 책상에 5천 원을 올려놓고 집으로 왔다고 했다. 퇴근하고 집에 오니 승준이는 특유의 편안한 자세로 소파에서 놀고 있었다.

"승준아. 지금 마음이 어떠니?"

"글쎄요. 잘 모르겠어요."

"편하니, 불편하니?"

"편하죠."

"주머니에 돈이 있니, 없니?"

"없어요."

"어제는 돈이 있어도 불편했고, 오늘은 돈이 없어도 마음이 편하지?"

"네."

"그게 죄를 짓고 난 마음이야."

"그 형 오늘 만났니?"

"네, 그런데 아무 말도 없던데요?"

승준이는 길에서 돈을 주웠다. 어쩌다 돈을 얻었다. 그런데 돈에 대해 떳떳하지 못했다. 그리고 그 떳떳하지 못한 일이 드러날까 봐 숨기고 감추었다. 그러다가 그 사실을 알아버린 한 사람의 말에 묶여 버렸다. 이렇게 자유를 빼앗겼고 긱징 근심이 가득했다.

하지만 승준이는 이 사실 그대로를 아빠에게 모두 이야기했다. 아빠는 이 사실을 듣고 안심을 시켰고, 용서해 주었으며, 새로운 해결책을 알려 주었다. 승준이는 지금 그 자유를 누리고 있다.

내가 하나님을 믿으며 좋은 점은 '잘못했습니다' 라는 용서를 빌 수 있다는 것이다. 나는 잘못하는 것을 무척 싫어한다. 신중에 신중을 기하는 편이다. 그 이유는 하나이다. 나로 인해 누군가에게 피해가 되는 것을 매우 싫어하기 때문이었다. 그런데 하나님을 믿으면서 하나의 확신이 생겼다. 하나님께 용서를 비는 것을 하나님이 기뻐하시고, 하나님께 용서를 빌고 잘못을 뉘우치면 하나님은 우리를 사랑하셔서 용서해 주시며 그 문제를 해결하여 주신다는 것이다.

> 만일 우리가 우리 죄를 자백하면 그는 미쁘시고 의로우사 우리 죄를 사하시며 우리를 모든 불의에서 깨끗하게 하실 것이요(요일 1:9).

하나님께 내가 잘못했다고 부족하다고 고백하는 것.

마음의 자유를 얻는다.

학생들에게

7.

책임지는 용기

성경에는 두 인물이 대비되어 나온다. 다윗 왕과 아합 왕이다.
다윗은 하나님의 마음에 합한 자로 칭송을 받고, 어릴 때는 물맷돌로 골리앗을 이긴 용맹한 장수이며, 성령에 감동되어 100여 편의 시편을 지은 시인이기도 했고, 통일 유다왕국을 다스린 위대한 왕이기도 했다. 반면에 아합은 성경에서 악한 왕의 상징이 되어 버렸다.
다윗과 아합을 비교한다면 인격적으로 큰 차이는 없었다. 다윗이 큰 죄(밧세바와의 간음 및 남편 우리야를 죽임)를 범하기도 했고, 자신의 아들 압살롬의 반역으로 말미암아 궁중에서 쫓겨나는 시련까지 겪는다. 반면에 아합은 하나님이 말씀하시면 스스로 겸비하면서 자신의 죄를 뉘우치기도 했다.
사무엘하 24장을 보면 다윗이 충동적으로 인구조사를 한다. 아마도 자기 자신의 세력을 과시하고 싶었을 것이다. 이로 인해서 유다백성이 3일 동안 전염병으로 7만 명이 죽는다. 다윗은 회개하며 여호와께 제사를 지내고자 장소를 찾다가 아라우나의 타작마당을 발견한다.

아라우나는 타작마당을 왕을 위해 기꺼이 드리겠다고 하지만 다윗은 다음과 같이 말한다.

> 내가 값을 주고 네게서 사리라 값 없이는 내 하나님 여호와께 번제를 드리지 아니하리라(삼하 24:24).

그래서 다윗은 은 50 세겔로 타작마당과 소를 산다. 자신이 대가를 지불한 것이다.

열왕기상 21장에는 비슷한 사건이 나온다. 당시 북이스라엘의 왕 아합이 길을 가다가 마음에 드는 포도원을 발견한다. 그런데 그 주인인 나봇이 이 제안을 거절한다. 그러자, 이 이야기를 들은 그의 아내 이세벨은 포도원의 주인인 나봇을 모함하여 죽인다. 그러자 아합 왕은 그 포도원을 차지한다.

> 아합은 나봇이 죽었다 함을 듣고 곧 일어나 이스르엘 사람 나봇의 포도원을 차지하러 그리로 내려갔더라(왕상 21:16).

물론 아합 왕이 직접 나봇을 죽이지 않았다.

그러나 아마도 나봇이 자신의 권위에 도전했다고 여겨 그의 죽음을 당연하게 여기지 않았을까?

사실, 책임을 지는 것, 대가를 치르는 것은 누구나 하고 싶지 않은 일이다. 나 역시도 최근에 책임지고 대가를 치르는 일이 너무 싫어서 피하고 싶은 마음이 굴뚝같고, 앞으로도 그런 마음이 들 것이다. 책임은 손해이고, 어리석음이고, 지는 것처럼 보인다.

책임을 다한 다윗에게는 다음과 같은 결과가 따랐다.

> 솔로몬이 예루살렘 모리아 산에 여호와의 전 건축하기를 시작하니 그곳은 전에 여호와께서 그의 아버지 다윗에게 나타나신 곳이요 여부스 사람 오르난의 타작 마당에 다윗이 정한 곳이라(대하 3:1).

솔로몬이 성전 건축한 곳이 바로 다윗이 대가를 지불한 타작마당이었다. 다윗의 대가지불은 다음 세대 성전 건축 완성의 축복으로 이어졌다.

반면에 책임을 회피한 아합에게는 다음과 같은 결과가 따랐다.

> 여호와의 말씀이 내가 재앙을 네게 내려 너를 쓸어 버리되 네게 속한 남자는 이스라엘 가운데에 매인 자나 놓인 자를 다 멸할 것이요(왕상 21:21).

아합의 집안 사람들이 다 망하였다.
우리의 책임.
하나님이 다 보고 계신다.

8.

나 하나부터

성경을 읽을 때 가장 짜릿한 내용 중의 하나는 역전이다. 작은 것이 커지고, 실패가 성공으로 바뀌는 것이다. 특히 5개의 빵과 2마리의 물고기로 5천 명의 남자(여자와 어린아이까지 합쳐 약 2만 명으로 추산된다)를 먹이는 기적을 보면 지금도 가슴이 뭉클하고, 나도 그런 주인공이 되고 싶은 마음이 든다.

당시에 예수님이 병자를 고치는 소문이 나자 많은 무리들이 예수님을 찾아왔는데, 그곳은 들판이었다.

> 그 후에 예수께서 디베랴의 갈릴리 바다 건너편으로 가시매 (요 6:1).

요한복음의 저자 요한은 그 장소를 '디베랴'(Tiberia)라는 이름을 썼다.

'디베랴'라는 이름은 '탐욕'의 바다였던 것이다.[1] 그리고 예수님이 오병이어의 기적을 베풀자 많은 군중들이 예수님을 따르게 된다. 그러나 예수님은 자신을 따르는 군중들에게 그 속내를 이야기하신다.

> 너희가 나를 찾는 것은 표적을 본 까닭이 아니요 떡을 먹고 배부른 까닭이로다(요 6:26).

컴퓨터는 계산을 다 해 준다. 엑셀에 숫자를 집어넣으면 자동으로 계산되어 숫자가 척척 나온다. 이런 시대에 우리가 살고 있다. 정확한 데이터들이 어디에나 존재한다. 탐욕의 바다에서, 성적으로 모든 것을 평가 받는 이 시대에, 금수저, 은수저, 흙수저 이야기가 판을 치면서, 삼포, 오포, 칠포의 이야기가 실존하는 이때에 나 하나 바뀐다고 하여 무슨 변화가 있을지 생각도 되고 고민도 된다.

> 빌립이 대답하되 각 사람으로 조금씩 받게 할지라도 이백 데나리온의 떡이 부족하리이다(요 6:7).

이렇듯 탐욕의 바다에서 굶고 있는 군중들에게 육의 양식을 제공한 이는 누구였을까?

> 제자 중 하나 곧 시몬 베드로의 형제 안드레가 예수께 여짜오되 여기 한 아이가 있어 보리떡 다섯 개와 물고기 두 마리를 가지고 있나이다 그러나 그것이 이 많은 사람에게 얼마나 되겠사옵나이까(요 6:8-9).

---

1 이재철, 『사명자반』(서울: 홍성사, 2013), 186.

한 아이가 자신의 도시락을 내어놓는다. 자신이 먹을 점심을 굶고 예수님께 내어놓는다. 당시에 어린아이는 인간 취급도 받지 못하는 사회적 지위를 가졌다. 어린아이는 합리적인 계산이 안 섰을 것이다.

'하루에 10분을 내어 말씀을 읽고, 하루에 10분을 내어 선생님을 위해 기도하고, 하루에 10분을 내어 친구들을 위해 기도하고, 혼자보다는 둘이, 둘보다는 셋이 기도하는 것이 기도의 효과를 증명한다'는 소리와 '말씀을 읽으면 뭐가 좋냐'는 내면의 갈등과 아무것도 보이지 않는 이 상황들, 그리고 아무일도 일어나지 않을 것 같은 내 걱정과 염려가 있을 수 있다.

이 때 한 아이가 예수님을 믿고 자신이 잠시 굶을 각오를 하며 자신의 도시락을 내어놓는다. 안드레는 그것을 받아들고 예수님께 가서 '과연' 얼마나 되겠냐고 고민하면서 그 도시락을 내어드렸다.

예수님을 통해서 그것이 굶주린 5천 명의 육의 양식이 되었다.

어린아이의 믿음.

그리고 이를 인정해 주신 것.

이것이 그저 2천 년 전의 한 기적일 뿐일까?

학생들에게

9.

지금 그 자리

느헤미야서를 보면 나라를 잃은 주인공 느헤미야는 예루살렘이 폐허가 되었다는 소식을 이역만리에서 듣는다. 그는 주님을 떠나 살았고 패역하였다고 회개의 기도를 한다. 그리고는 다음과 같이 기도한다.

> 주여 구하오니 귀를 기울이사 종의 기도와 주의 이름을 경외하기를 기뻐하는 종들의 기도를 들으시고 오늘 종이 형통하여 이 사람들 앞에서 은혜를 입게 하옵소서 하였나니 그 때에 내가 왕의 술 관원이 되었느니라(느 1:11).

느헤미야는 나라를 잃고서 슬픔 가운데 세상의 방법으로 대항하거나 절망하지 않았고, 하나님께 나아갔다. 주신 것도 하나님이시고 가져가신 것도 하나님이라는 욥의 고백처럼 모든 것에 대해서 하나님께 기도했다. 형통하여 은혜를 입게 해달라는 느헤미야의 기도에 대한 응답이 바로 술관원이 되는 것이었다.

그 자리는 군대를 일으킬 수 있는 자리이거나, 예루살렘을 회복시킬 수 있는 위치는 아니었다. 느헤미야는 술관원이라는 지위를 통하여 아닥사스다 왕을 독대할 수 있었다. 그리고 왕의 권위를 통해 하나님의 손길을 경험하고 그것이 성벽을 재건하는 시작과 밑거름이 되었다.

『내려놓음』의 저자 이용규 선교사는 자신의 형편과 처지를 인정하였고 그 한계를 경험하였다. 그러나 이를 통해서 하나님의 손길을 경험했음을 이야기한다.

> 나는 사역비가 넉넉하지 못했기 때문에 차를 전세내어 지방을 다닐 형편이 안되었다. 교수로서 시간도 무척 제약이 있었다. 하나님께서는 기찻길을 따라 하는 전도 방법을 가르쳐주셨다. 그리고 잃어버린 자를 찾고 하나님이 남겨두신 그루터기를 재발견하는 것이 몽골 선교의 핵심임을 가르쳐주셨다.[2]

다윗은 목동이었다. 그리고 막내아들이었다. 목동으로서 비옥한 산 등성이의 한적한 들판에서 그는 양을 지키고, 낮에는 더위와 밤에는 추위와 싸웠을 것이며, 돌멩이 던지는 연습을 했고, 어떤 때는 하프를 가지고 노래를 부르기도 했을 것이다. 어느 날 자신의 양을 잡아먹으려는 사자와 곰이 나타나면, 그는 맹수로부터 양을 지켜내곤 했을 것이다. 그러던 다윗은 전쟁터에 나가게 되어 당시의 왕인 사울 앞에서 자신의 현재 위치에서 최선을 다했음을 이야기한다.

> 다윗이 사울에게 말하되 주의 종이 아버지의 양을 지킬 때에 사자나 곰이 와서 양 떼에서 새끼를 물어가면 내가 따라가서 그것을

---

[2] 이용규, 『내려놓음』 (서울: 규장, 2006), 240.

> 치고 그 입에서 새끼를 건져내었고 그것이 일어나 나를 해하고자 하면 내가 그 수염을 잡고 그것을 쳐죽였나이다(삼상 17:34).

다윗은 과장하지 않았다. 자신의 일에 충실했다. 그는 전쟁터에서 자신에게 익숙한, 그동안 자신이 훈련해 왔던 방법으로 골리앗을 물리쳤다.

우리는 무엇이 되겠다고 혹은 어떻게 살겠다고 비전을 갖는다.

테리 스타인스라는 여성관리자는 신용카드 회사에서 미수금 징수부서의 관리자였다. 불가피하게 부서를 옮겨야 했을 때, 그녀는 '직원을 위한 상담역'을 택했다. 하지만 이 업무는 최소 5년 이상의 인사부 근무 경력을 가지고 있어야 했으나 그녀에게는 그런 경력이 없었다. 하지만 그녀는 결국 그 자리를 얻어냈다. 왜냐하면 자신이 가지고 있는 관리자로서의 경력이 직원과의 일대일 상담 같은 기술에 적용된다는 것을 설득시킬 수 있었기 때문이었다.[3]

대한민국의 청소년을 살려달라고 하던 백일기도를 드렸다. 난 기도 응답으로 하나님께서 근사하고 멋진 직업을 갖게 하셔서, 예를 들면 내가 유명한 학원으로 스카우트되거나, 인강 강사로서 유명해져서 버스 광고판에 내 얼굴이 나오리라는 상상을 했다. 하지만 하나님께서 내게 허락해 주신 것은 보증금 500만원의 작은 수학교습소였다. 그래도 감사했다. 이것을 잘 운영하여 프랜차이즈를 내고, 시내 중심가로 진출하리라 생각했기 때문이었다. 그러나 2년 후 시설비도 건지지 못한 채 폐업하였다. 나는 실패라고 생각했다.

하지만 그곳에서 있었던 이야기를 틈틈이 엮어서 책이 출판되었고,

---

3 구본형, 『익숙한 것과의 결별』 (서울: 을유문화사, 1998), 190.

그 책을 통하여 전국의 청소년을 만나는 기회를 갖게 되었다.

　지금 당신의 자리는 당신의 기도응답으로 주님이 허락하신 자리일지도 모른다.

학부모들께

학부모들께

10.

예수님도 못하신다

　학기초가 되면 부모들은 교육에 관하여 많은 이야기를 나누게 된다. 그중에서도 선생님이나 학원 등에 대한 정보를 나눈다. 담임선생님이 배정이 되면 그 전 학년에 맡았던 아이의 경험을 바탕으로 담임선생님을 평가한다. 아무것도 모르는 것보다 그러한 정보가 실제로 많은 도움이 되고, 새학기를 맞이하는 좋은 자료가 된다.

　내 아이가 초등학교에 입학하던 때, 담임선생님은 학부모인 우리에게 다음과 같은 당부를 하셨다.

　"아이 앞에서는 무조건 선생님을 높여 주세요. 혹시라도 선생님이 부족한 게 보이면 저에게 따로 이야기하시더라도 아이 앞에서만큼은 선생님을 높여 주셔야 합니다. 그래야지 아이들이 바르게 큽니다."

　그것이 아이를 위한 것임을 담임선생님은 아셨던 것이다.

　마가복음에 흥미로운 한 구절이 나온다.

> 거기서는 아무 권능도 행하실 수 없어 다만 소수의 병자에게 안수하여 고치실 뿐이었고(막 6:5).

영어성경을 보면 "He could not"이라고 표현했다. 예수님은 만왕의 왕이시고, 삼위일체의 하나님이시며, 천지를 창조하실 때 함께 하신 분이시다. 실제로 예수님은 육신으로 이 땅에 오셔서 병자를 고치시고, 혈루병을 낫게 하시며, 귀신을 내쫓으시고, 죽은 자도 일으키셨는데, 예수님도 할 수 없었던(could not) 상황이 있었던 것이다.

> 이 사람이 마리아의 아들 목수가 아니냐 야고보와 요셉과 유다와 시몬의 형제가 아니냐 그 누이들이 우리와 함께 여기 있지 아니하냐 하고 예수를 배척한지라(막 6:3).

예수님이 자신의 자랐던 고향에 오시자 사람들은 한마디씩 했을 것이다.
"쟤, 목수잖아?"
"그 아버지 내가 잘 알지."
"그 집 형제 별 볼 일 없던데?" 등등.
이들은 결국은 예수님을 배척했다. 그러자 예수님은 그곳에서 기적을 베푸실 수 없었다.
아이들이 담임선생님을 '담탱이'라고 부르고, 선생님에 대해 친구에 대해 말하듯 한다. 결론부터 말하면, 그 선생님은 당신의 자녀들에게 좋은 것을 가르쳐 줄 수가 없다. 배척하는 분위기에서 예수님이 오신다 하더라도 결코 기적을 없었듯이.
학원에 오시는 부모님들의 목적은 자신의 아이들에게 좀 더 좋은 것을 주고 싶은 것이다. 그런데 배척하고 비판하는 그런 분위기에서 제 아무리 예수님이라고 해도 자신의 일을 할 수 없다.

상담에서도 내담자의 말을 들어주려는 경청의 태도가 없으면 상담이 제대로 이루어질 수 없다. 제 아무리 말을 잘하는 사람이라 해도 상대방이 듣지 않으면 기운이 빠지고, 실수를 하기도 하며, 제대로 전달하지 못하게 된다.

그렇다면 학생들과 학부모들은 선생님들을 위해서 기도해 주어야 한다. 그것이 영적 원리일 것이다. 예수님은 십자가에서 그 고통 속에서도 남을 위해 기도하셨다. 그것이 크리스천의 몫이 아닐까?

세상은 반대이다. 학생은 선생님들을 자신의 기준으로 판단한다. 그리고 부족한 선생님들을 보충하기 위하여 학원을 찾거나 과외를 찾는다. 그런데 자신의 입맛에 맞는 선생님들을 찾기가 어렵다. 가르치는 선생님들도 학생을 판단한다. 입시만을 생각한다면 어차피 패배로 향해 가는 과정에서 누구 탓이냐는 공방만 오갈 게 뻔하다.

서로 배척하는 분위기, 제 아무리 예수님이 오셔도 기적을 베풀지 못하신다.

학부모들께

11.

개천에서 용 날까?

하루는 서울에서 유명하다는 학원에 갈 일이 있었다.

한 엄마가 학원의 원장님을 기다리고 있었다. 자신의 아들이 특목고에 입학을 했고, 이 사실을 자랑스럽다고 했다. 한편으로는 이 동네에서는 그 학교를 잘 알아주지 않는다며 서운해하기도 했다.

그 엄마가 원장을 만나러 온 목적은 하나였다. 자신의 아이를 유학을 보낼지 말지를 물어보려는 것이다. 그 엄마는 자신이 잘 판단하지 못할 것 같아서 이 학원 원장이 판단해 주셨으면 좋겠다고 했다. 이 학원 원장님이 명문대를 나왔고, 인격도 좋으신 분이기에 아이를 위해 결정해 줄 수 있을 것 같다고 했다. 반면에 유학을 결정하면 월급쟁이 아빠의 외벌이로는 돈이 부족할 것 같다면서 걱정이었다.

이 에피소드를 어느 교회 강의에서 소개했다. 그러자 곳곳에서 '흥', '쳇' 하면서 콧방귀 소리가 들렸다. 그 에피소드가 누군가에게 편하게 들리지 않았던 것 같았다.

인터넷을 검색하다가 교육에 관한 자조어를 보게 되었다.

"이제는 개천에서 용 안 난다."

"아이의 성공을 위한 조건은 할아버지의 재력, 엄마의 정보력 그리고 아버지의 무관심이다."

2천 년 전 예루살렘에 베데스다라는 연못이 있다. 이 연못은 특별하다. 이곳에는 병자, 맹인, 다리 저는 사람, 즉 아픈 사람들이 모여 있는데 그들은 오로지 물의 움직임을 기다리고 있다. 왜냐하면 이 물이 움직일 때 먼저 들어가는 자는 어떤 병에 걸렸든지 낫게 된다는 이야기가 전해져 내려오기 때문이다.

그곳에 38년 된 한 병자가 있었다. 그는 아프고 힘들고 괴롭다. 상처도 많다. 그는 자신의 처지를 한탄하고, 원망한다. 자신이 다른 사람들보다 뒤쳐짐에 대해서 모든 것을 탓하고 있다.

> 병자가 대답하되 주여 물이 움직일 때에 나를 못에 넣어 주는 사람이 없어 내가 가는 동안에 다른 사람이 먼저 내려가나이다 (요 5:7).

이 병자는 결국 예수님이 낫게 하신다.

'서성한중경외시'라는 이 일곱 글자를 들어보았는가?

특정 대학교의 앞글자만 따서 순서를 매긴 것이다.

우리의 교육의 현장을 잘 나타내 주는 말이 아닌가?

이곳에 들어간 사람은 들어간 대로, 들어가지 못한 사람은 들어가지 못한 대로 이 서열 안에서 서로 묶여 있고, 서로 의식하고 있다.

2천 년 전, 천사가 가끔 내려와 물을 움직이게 한다는 전설이 내려오듯, 어느 학교에나 전설이 있다. 그리고 그러한 전설의 이야기들이 이제는 TV나 매체에서 공공연하게 들려진다. "공부의 신"이라든지, "성공시대" 등에서 엄친아, 엄친딸이 나온다.

우리 스스로 우상을 만들고, 그것을 바라보며 칭송하고, 많은 사람들이 그 우상에 들어가려고 노력하고, 우상에 들어가지 못하는(우상에 들어가지 못하는 것이 당연함에도 불구하고) 내 탓, 남 탓을 하면서 원망하고 한탄하며 좌절하는 모습을 보게 된다. 그것이 비단 지금의 문제만은 아닌 듯싶다.

학부모들께

12.

포도주가 떨어진지라

하루는 한 할아버지가 등산가방을 메고 학원에 찾아오셨다. 옷차림을 보니 등산을 하고 오신 분이셨다. 학원 입구에 오셨길래 다른 용건으로 오신 분이라 생각하고 나는 자리로 돌아가려고 했다. 상담하시는 실장님이 할아버님과 몇 마디 나누시더니 나를 급히 불렀다.
"이 원장, 이 원장이 상담을 해 주어야 겠어."
이야기인즉슨, 자신의 손녀딸이 모의고사를 봤는데, 수학시험을 망쳤고, 이로 인해서 엄마와 싸웠다고 했다. 화가 난 딸은 엄마에게 '자살'이라는 단어를 내뱉었고, 이를 들은 엄마는 충격으로 말을 못이었다고 했다. 아이는 집을 뛰쳐 나갔고, 손녀딸은 집을 나와 버스를 타고 할아버지 집으로 왔다고 했다.
할아버지는 이러한 자초지종을 듣고 손녀를 안심시키고, 중간에서 역할을 해서 딸을 집으로 돌려보냈고, 손녀를 걱정하는 마음에 수학학원에 상담을 오셨다고 했다. 나는 그 할아버지의 마음에 감동되어 정성껏 상담하고, 안심시켜 드리고, 할아버지의 따스함을 지지해

드렸다. 그러면서 오히려 내가 위로가 되었다.

어떠한 결과에 나 자신이 밉고, 화도 나고, 당황도 하고, 부끄러워서 숨고 싶을 때, 이러한 할아버지처럼 자신의 모든 것을 받아줄 수 있는 그러한 사람이 있는 곳, 이러한 곳이 대한민국에 얼마나 될까?

한 청년을 만났다. 그는 교회에서 예배만 드리고 빠져나온다는 것이었다. 자신이 공무원 시험을 보고 결과가 안 좋았아서 이 사실이 부끄럽기도 했는데, 교회에서 누가 어디 취직했고, 누가 어느 학교 갔다는 등의 이야기만 한다는 것이다.

물론 나는 그 청년에게 상황상 그러한 말들이 더 잘 들렸을 것이고, 그만큼 청년이 스스로 지금의 상황을 오픈하고 도전하는 기회로 삼아달라고 말했다.

> 포도주가 떨어진지라 예수의 어머니가 예수에게 이르되 저들에게 포도주가 없다 하니(요 2:3).

유대인의 결혼식에 포도주가 떨어진다. 당시에 하객을 초청해 놓고 포도주가 떨어졌다는 것은 아주 큰 사건이다. 누구에게 알릴 수도 없고, 알려진다면 큰 모욕을 겪어야 하는 상황이다. 그리고 결혼식 당사자가 알아봤자 당황만 할 아주 어렵고 난처한 상황이다. 이때 예수의 어머니 마리아가 그 사실을 알게 된다. 그리고는 (그 누구에게 이야기하지 않고) 예수님께 '포도주가 없다'고 이야기한다. 결과적으로 예수님은 물을 포도주로 바꾸는 기적을 행하셔서 이 사건은 해피엔딩으로 끝나게 된다.

우리의 아이들은 원하던 원치 않던 불가피하게 서로 경쟁이라는 곳으로 내몰리게 된다. 그리고는 모든 것들이 평가되고, 수치화된다. 그러면 누구보다 높고, 누구보다 낮게 되고, 목표라는 것이 주어져 그 목표를 향해 달려간다. 목표를 달성하면 모든 것을 얻고, 그것을 달성하지 못하면 모든 것을 잃는 듯이 여긴다.

 이러한 와중에 포도주가 떨어지는, 즉 자신은 알지만 남은 알지 않았으면 하는 일이 생긴다. 이것이 알려질까 봐 숨는다. 말하지 않고 숨긴다.

 아이들에게 포도주가 떨어졌음을 대신 알려 주며 기도해 주는 지혜로운 마리아가 필요하다.

학부모들께

13.

아버지의 역할

　교회에서 남자들과 여자들이 설거지를 하는 모습을 관찰했다. 남자들이 설거지하는 모습은 한마디로 침묵과 열심이다. 암묵적으로 역할을 나눈다. 밥그릇을 씻는 조, 국그릇을 씻는 조, 그릇을 운반하는 조 등. 잘 짜인 공장 같은 분위기이다. 그리고 웬만해서는 말을 하지 않는다. 자신의 일에 집중한다. 말이 길어진다는 것은 무슨 문제가 있는 것이다. 서로의 영역을 침범하지 않는다. 누군가가 이 모습을 싸운 집 같다고 했다.
　나는 40세의 남자로서 다니던 직장을 그만두고 조금은 다른 길을 걷고 있다. 즉 상담을 전공하는 대학원생이다. 학원에서 아이들을 가르친다. 누군가는 내게 개척이라고 이야기했다. 그러다 보니 내겐 개척이라는 단어가 낭만적으로 들리지는 않는다. 현실이기 때문이다. 그 전에는 어디 소속이고, 어느 지위라는 정체성을 가졌었는데, 그것에서 벗어나고 나니 마치 이름을 잃어버린 사람처럼 여겨지는 기분도 있었다.

40세의 남자, 가장의 역할, 아버지의 역할. 이것에 대해서 오랫동안 생각하게 되었다. 문득 오래전 유행했던 아빠에 대한 초등학생의 시가 떠올랐다.

아빠는 왜?

엄마가 있어 좋다
나를 이뻐해 주어서
냉장고가 있어 좋다
나에게 먹을 것을 주어서
강아지가 있어 좋다
나랑 놀아주어서

아빠는 왜 있는지 모르겠다.

아빠이자 남자인 나는 한 번에 여러 가지 일을 감당하는 게 쉽지 않다. 특히 집안 일을 좀 할려다 치면, 거기다 아이들까지 돌보려다 보면 거의 멘붕 수준이다. 나는 열심히 한다고 하는데, 아내가 훨씬 쉽게, 잘, 정확히 하는 것을 보면 약이 오른다. 나는 남자치고는 자상하다는 평을 들으나, 아이들을 보살필 때는 구멍 투성이이다.

그런데 비단 이러한 특징은 나의 개인적인 성격인 것만 같지는 않았다. 하던 일을 못하다 보면 근본적인 고민을 하게 되는 것 같다. 나 역시도 그랬다.

도대체 아버지의 역할은 무엇일까?

성경의 민수기를 본다. 하나님께서는 모세에게는 지도자의 역할을, 아론에게는 제사장의 역할을 맡겼다. 그리고 제사장인 아론에게는 이스라엘 자손을 위하여 축복하라는 명령을 한다. 그리고 축복의 말씀을 보면 다음과 같다.

> 여호와는 네게 복을 주시고 너를 지키시기를 원하며 여호와는 그의 얼굴을 네게 비추사 은혜 베푸시기를 원하며 여호와는 그 얼굴을 네게로 향하여 드사 평강 주시기를 원하노라 할지니라 하라 (민 6:24-26).

제사장은 이스라엘 백성을 축복한다. 그렇게 하면 여호와께서 그들에게 복을 주신다고 하신다.

> 그들은 이같이 내 이름으로 이스라엘 자손에게 축복할지니 내가 그들에게 복을 주리라(민 6:27).

아버지가 돈을 벌건 혹은 벌지 못하건, 건강하건 혹은 건강하지 않건, 가족을 위해 시간을 내주건 그렇지 못하건 가정의 제사장인 아버지는 하나님의 이름으로 가정을 축복할 수 있다. 그러면 여호와께서 그들에게 복을 주신다고 하셨다.

아버지는 가정의 제사장이다.

학부모들께

14.

서로 사랑하세요

　학원에 오시는 부모님의 대부분은 엄마이다. 엄마들의 질문은 무척 구체적이고, 옳고, 정확하다. 학원을 하면서 '엄마를 잡아야 한다'라는 말이 나올 정도이다.
　나 역시 아이들의 방과후학교 등을 정할 때, 아내가 아이들하고 정하게 한다. 아내는 내게 몇 번을 일임한 적이 있지만, 나의 결정은 아내를 만족시켜 주지 못했다. 아니, 아이들의 시간표를 짜는 데 고려할 것이 너무나 많았다. 그래서 나는 몇 번을 시도하다가 스스로 아내에게 양보했다.
　학원을 보내는 것이 교육 중에 큰 비중을 차지한다. 학원을 보내면 교육을 하는 것 같고, 그렇지 않으면 교육을 안 시키는 것 같은 우리의 생각이 존재한다. 사실, 집에서 놀고 있는 아이들을 보면 안쓰럽기까지 하다. 그래서 어디라도 보내야만 안심하게 된다. 눈에 보이면 불안하니 보이지 않는 것이 속편하다는 이야기도 하게 된다.

> 가인과 그의 제물은 받지 아니하신지라 가인이 몹시 분하여 안색이 변하니(창 4:5).

가인과 아벨이 하나님께 제사를 드린다. 하나님은 아벨의 제물은 받으셨지만 가인의 제물은 받지 않으셨다. 가인은 하나님이 자신의 예물을 받지 않자 그 질투로 인하여 아벨을 돌로 쳐 죽인다.

형제간에 이런 일이 왜 생겼을까?

> 아담이 그의 아내 하와와 동침하매 하와가 임신하여 가인을 낳고 이르되 내가 여호와로 말미암아 득남하였다 하니라(창 4:1).

아담과 하와가 선악과를 먹고 에덴 동산에서 쫓겨난다. 쫓겨나는 과정에서 금실이 좋았던 부부는 결국에는 서로의 탓을 한다. 남편인 아담은 하와에게 "저 여자"라는 표현을 쓰면서 이 과정의 탓을 자신의 아내인 하와의 탓으로 돌린다. 아담이 한 방 먹인 것이다. 그러한 사이에서 아이를 낳는다. 그러자 하와는 "여호와로 말미암아 득남하였다"라고 말한다. 여기서 하와는 아이의 아버지인 아담의 이름은 누락한다. 이번에는 하와가 한 방 먹인 것이다. 그런 사이에 낳은 두 자식은 서로 끔찍한 일을 겪게 된다. 아마도 죄의 결과이자 경고는 아닐는지?

학원에 상담하러 온다는 것은 그만큼 교육에 관심이 있다는 것이다. 그렇다면 가정이 먼저 창조 질서로 회복되는 것이 이 시대의 교육 회복이 아닐까 생각해 본다.

학부모들께

15.

정직한 처벌

그러므로 남을 판단하는 사람아, 누구를 막론하고 네가 핑계하지 못할 것은 남을 판단하는 것으로 네가 너를 정죄함이니 판단하는 네가 같은 일을 행함이니라 이런 일을 행하는 자에게 하나님의 심판이 진리대로 되는 줄 우리가 아노라(롬 2:1-2).

그들은 그렇게 어둠 속으로 끝없이 추락하고 있습니다. 그러나 여러분이 그들에게 손가락질할 만한 고상한 위치에 있다고 생각한다면, 생각을 바꾸십시오. 누군가를 비난할 때마다, 여러분은 자신을 정죄하는 것입니다. 여러분도 다르지 않기 때문입니다. 남을 판단하고 비난하는 것은 자신의 죄와 잘못이 발각되는 것을 모면해 보려는 흔한 술책입니다. 그러나 하나님은 그렇게 호락호락하신 분이 아닙니다. 그분은 그 모든 술책을 꿰뚫어 보시며 '그러면 너는 어떤지 보자'고 하십니다(롬 2:1-2, 메시지 성경).

두 학생이 동시에 학교 징계를 받을 상황이 생겼다. 하지만 두 학생 부모의 자세는 서로 매우 달랐다. 한 부모는 자식의 잘못을 반성하고 있었고, 다른 학생의 부모는 학교가 잘못 가르쳤다고 하며 자기 아이만 그런 것이 아니라면서 다른 학생들도 공정하게 처벌해야 한다고 주장하며 억울해했다.

나 역시 한번은 교통경찰한테 신호위반으로 벌금을 낸 적이 있었다. 무척 억울했다. 난 한 번만 그런 것인데. 다른 운전자는 잘도 피해 간 것이 계속 생각나서, 내가 하루 종일 그곳에 서 있으면서 위반하는 운전자를 잡고 싶었다.

> 남을 판단하고 비난하는 것은 자신의 죄와 잘못이 발각되는 것을 모면해 보려는 흔한 술책입니다(롬 2:1, 메시지 성경).

집단 상담할 때의 이야기 원칙 중 하나는 '내가 나의 이야기를 한다'이다. 나를 보는 것이다. 남 이야기를 하는 것이 아니라, 나의 이야기를 하는 것이다. 내가 보고 내가 듣고 내가 느낀 것을 이야기해야 한다.

난 분명히 기억한다. 내 처지가 힘들고 괴로워서 남 탓을 하고, 사회 탓을 하고, 부모 탓을 한 적이 있다. 그것도 아주 논리 정연하게, 아주 똑똑하게 남 탓을 했다. 나의 논리는 나 자신마저 취하게 만들 정도였다.

> 그러나 하나님은 그렇게 호락호락하신 분이 아닙니다. 그분은 그 모든 술책을 꿰뚫어 보시며 '그러면 너는 어떤지 보자'고 하십니다(롬 2:2, 메시지 성경).

하나님 앞에서 무엇을 숨길 수 있을까?

악인의 형통함이 부러웠고, 내가 악인임을 인정하지 않았으며, 나를 만든 것은 내 선택이 아니었다고 한다. 그냥 힘들다고 하면 될 것을, 그저 내 상황이 싫다고 하면 될 것을. 우린 그렇게나 다른 사람들을 판단하고 비난하게 된다. 비난의 강도가 클수록 자신을 정당화하게 된다.

축구경기에서 깊은 태클을 한 선수가 태클에 넘어진 선수 옆에서 아픈 척하는 것을 보았다. 이렇게라도 해서 경고를 안 받을 것처럼 하는 것이다. 그러나 심판은 결국은 경고나 퇴장을 받는다. 나의 눈으로 보면 (상황을 벗어나서 보면) 아픈 척하는 선수의 모습이 뻔히 보인다.

하나님은 남을 비판하는 나에게 이야기하신다.

'그러면 너는 어떤지 보자.'

학부모들께

16.

돕는 배필

나는 남자다. 성장기에도 형제와 자랐고, 남자 중학교, 남자 고등학교를 졸업하고, 남자만 다닌다는 공대를 다녔다. 그런데 직장생활을 하다 보니 여자 상사 밑에서 일했고, 지금 다니고 있는 상담대학원을 보면 대략 10명 중 남자는 한두 명 정도의 비율이다.

> 여호와 하나님이 이르시되 사람이 혼자 사는 것이 좋지 아니하니 내가 그를 위하여 돕는 배필을 지으리라 하시니라(창 2:18).

성경 창세기를 읽으면 하나님은 남자인 아담을 창조하셨고, 하와를 아담의 갈비뼈로 만드셨다. 이브의 정체성은 '돕는 배필'(helper)이다.

상담자는 누군가를 돕는 역할, 즉 헬퍼이다. 돕기 위해서 많은 공부를 하고 수련을 거친다. 그래서 힘들다. 교육 역시 누군가를 돕는 역할이다. 코칭, 멘토링, 컨설턴트 등도 누군가를 돕는 역할이다. 이들 모두 헬퍼이다. 헬퍼는 똑똑해야 한다. 사람에게 관심이 있어야 하고 다방면으로 잘해야 한다.

　실제로 상담을 하기 위해서는 상대와 눈을 마주쳐야 하고, 적절한 공감의 대답도 해야 하고, 머릿속으로 요약도 해야 하고, 다음 멘트도 준비하고, 전체적으로 시간도 안배해야 한다. 이러한 의미로 여자아이들이 남자아이들보다 사람에 대해 관심이 더 많고, 더 많은 것을 할 수 있으며, 눈치가 빠르다는 것이 결코 놀랍지 않다. 이것은 창조의 원리라고 생각한다.

　정철영어성경학교(JEBS) 이사장이며, 한때 정철어학원으로 알려진 정철 선생님은 이렇게 말한다.

　"선생은 학생들의 결과로 이야기해야 한다."

　선생이 아무리 잘 가르치고 최첨단의 교수법을 사용하더라도 학생이 잘 배워야 그 선생이 좋은 선생이라는 것이다. 능력과 성향들의 목적이 '나'를 높이는 것이 아니라 '헬퍼'로서 주어진 것일 수 있다.

　그렇다면 남을 돕기 위해서 열심히 배우고 익히는 것이 하나님의 질서이고 삶의 원리가 아닐까?

학부모들께

17.

성읍이 떠들어도

자녀들이 성장하면서 그들의 진학, 진로 혹은 취업의 변화가 생긴다. 학년이 올라가듯이 다른 이들과 같은 변화를 겪기도 하고, 진학이나 취업과 같이 나 홀로 겪어야 하는 변화가 있다. 이 과정에서 자신이나 다른 사람들의 기대와 결과가 달라서, 혹은 미치지 못한다는 생각을 할 수도 있다. 그러다 보니 그동안 내가 의지하고 나를 지지해 주던 공동체나 집단에서 오히려 숨거나 도망치고 싶다는 상황을 만날 때가 있다.

> 이에 그 두 사람이 베들레헴까지 갔더라. 베들레헴에 이를 때에 온 성읍이 그들로 말미암아 떠들며 이르기를 이이가 나오미냐 하는지라(룻 1:19).

룻기에 보면 나오미라는 인물이 있다. 나오미라는 이름은 희락이라는 뜻이다. 희락해야 하는 이 여인은 남편과 아들 둘을 데리고 베들레헴을 떠나 모압 땅으로 떠났지만, 그곳에서 남편과 두 아들을 모두 잃는다. 남은 한 며느리와 함께 나오미는 자신이 돌아가야 할 곳인 베들레헴으로 돌아오기를 결심한다. 자신의 실패와 부끄러움을 무릅쓰고 자신이 돌아와야 할 공동체로 돌아왔을 때, 나오미가 맞닥뜨려야 할 상황은 바로 "성읍이 떠들며"인 것이다.

어느 목사님의 책에서 읽은 내용이다.

> 언젠가 교우들과 함께 수련회에 간 적이 있었습니다. 도착한 날 저녁에 세미나를 마치고 나서 참석자들에게 숙소를 정해 주었습니다. 그런데 일찍 잠에 드는 사람은 거의 없고 대부분의 사람이 서로 대화하느라 잠들지 않는 것이었습니다. 무슨 대화를 하는지 들어보았더니 대부분 남의 말을 하고 있었습니다. 결국 일찍 자기는 틀렸다고 생각해서 아예 대화 주제를 정해 주었습니다.
> "교회 부흥과 소그룹 부흥을 위한 아이디어를 내세요."
> 그랬더니 5분도 안 되어서 불을 끄고 잠자리에 들었습니다. 이처럼 우리가 다른 사람 말하기를 좋아합니다.[1]

한 때 정치가로서 잘 나가던 루즈벨트는 39세 때에 사고와 관절염의 후유증으로 다리에 쇠붙이를 달고 휠체어를 타고 다니게 된다. 어쩌다 큰 마음먹고 외출을 하려면 주변 사람들이 자신의 절룩거리는 모습을 보는 시선이 무척 불편했다. 루즈벨트는 열등감과 패배의식에서 사로잡혀 있었으며, 삶에 대한 의욕마저 상실하고 다녔다. 절망에 빠진 그는 어느 날 아내에게 절망하며 묻는다.

"여보! 나는 영원한 불구자요. 그래도 당신은 나를 사랑하겠소?"

---

[1] 유기성, 『예수님의 사람』 (서울: 넥서스CROSS, 2013), 121.

아내가 대답했다.

"아니 무슨 그런 섭섭한 말을 해요? 그럼 내가 지금까지 당신의 두 다리만을 사랑했나요?"

아내의 이 재치있는 말에 루즈벨트는 커다란 용기를 얻었으며, 장애인의 몸으로 미국 32대 대통령에 당선되어 뉴딜 정책으로 미국의 경제공황을 극복했다.

> 나오미가 그들에게 이르되 나를 나오미라 부르지 말고 나를 마라라 부르라 이는 전능자가 나를 심히 괴롭게 하셨음이니라(룻 1:20).

나오미는 떠드는 이들을 막지 않았다. 떠드는 이들에게 원망하지 않았다. 떠드는 이들로부터 도망가지 않았다. 그들을 만났고, 이야기했고, 자신의 처지를 솔직히 이야기를 했다.

자신의 실패나 치부, 혹은 알려지지 않았으면 사실들이 자신의 주변에 알려지는 일은 그리 유쾌하지 않다. 어쩌면 자신이 있는 그곳을 못마땅하게 생각할 수도 있다. (부모인 나는 그렇게 생각하지 않더라도) 자신의 자녀의 문제가 사람들의 입에 오르내릴 수도 있다. 그러나 이것을 직면해야 한다.

> 나오미가 모압 지방에서 그의 며느리 모압 여인 룻과 함께 돌아왔는데 그들이 보리 추수 시작할 때에 베들레헴에 이르렀더라 (룻 1:22).

나오미가 베들레헴으로 돌아왔을 때가 마침 보리 추수가 시작할 때였다. 룻기를 마지막까지 읽어 보면 이 보리 추수의 때를 통해서 새로운 만남과 삶의 회복이 펼쳐진다. 자녀의 문제나 실패로 인해서 겪은 어려움을 성읍의 떠듦에도 불구하고 맞닥뜨려야 한다. 이 시간에도 보리 추수 시작할 때처럼 주님의 완벽한 계획하심이 있기에 우리는 소망을 가질 수 있다.

선생님들께

선생님들께

18.

나를 먼저 수용해 주세요

　나도 나의 성향을 잘 안다. '관계'가 먼저이다. 나는 불안이 많은 성향이다. 불안이 많으면 소심하다. 소심하면 아무것도 못해야 하는데 또 그렇지도 않다. 어떤 경우에는 그냥 지르기도 한다.
　나한테는 50원을 아끼려고 서울버스만 타고 다니는 짠돌이 성향도 있다. 그런데 며칠 전 그런 짠돌이가 몇 만 원짜리 손해를 감수하는 일을 주도해서 벌이기도 했다. 도리어 이 혜택을 누리는 상대가 나를 걱정하며 '이 일이 당신에게 분명히 손해되는 것을 알면서도 하는 이유가 뭐냐', '이 일을 하기 싫어서 그러는거냐'고 의아해 했다.
　그러고 보니 나의 선택의 유형은 그리 합리적이지 않다. 물론 나는 고려할 것을 고려하지만 상대적으로 직관적이라고 할 수 있다.
　그렇다면 직관의 동기는 과연 무엇일까?
　내가 가장 소중히 여기는 것이 무엇일까?
　'관계'였다.
　그런데 내가 가진 관계지향의 개념은 사람들에게 인기 있고, 회식자리를 주도하며, 사람들과 밤 늦게 끝까지 남아 있으면서 회식비는 자신이 지불하고, 그러면서 집에는 별로 갖다주지 못하는 것이었다.

나의 관계지향성은 좀 다르다. 스케일이 크지 않다. 그렇게 드러나며 뽐내는 스케일은 불편하다. 그것을 도리어 불편해할지 모르는 시선을 의식한다. 한 사람이라도 불편해한다면 그 일 자체를 시작하지 않고 의견조차 내지 않는다. 그리고 내가 성과를 내지 못하는 분위기는 관계가 단절되었을 때였다. 내가 해야 할 일만 있다는 생각이 들면 나는 그 일을 하지 않았다.

이때 좀 더 냉철히 생각한다면, 그 일을 성취하고 노력함으로써 관계를 좋게 만들 수도 있으나, 그 일을 하지 않고 게으르게 함으로써 관계를 악화시키려는 소심한 복수를 하곤 했다. 결국 나의 내면의 깊은 욕구는 관계가 좋아지기를 바라는 것이고, 이것을 위해서 내 손해는 감수할 수 있고, 내가 좋아하는 일보다는 상대가 좋아하는 일을 우선하는 경우가 발생하곤 했다.

이러한 나의 관계적인 성향 때문에 종종 오해를 받고 나 스스로 답답해하기도 한다. 쉬운 결정을 못 내린다. 예를 들어 여행지를 정하더라도 그 과정이 훈훈하고 평화로웠으면 하고, 갈등을 견디지 못한다. 그러다 보니 모든 사람이 원하는 것을 알아야 하니까 시간이 걸리고, 나의 결정에 가급적 모든 사람이 만족했으면 하는 마음을 갖는다. 물론 이것이 비합리적이고 비현실적이라는 것을 안다. 한 사람이라도 불편하면 그 불편함에 집중하게 된다.

그러다 보니 학원에서도 여러 사람을 놓고 수업하는 것이 편하지가 않다. 몇 사람 중에서 이해 못하는 한 사람에게 더 신경이 곤두선다. 누구라도 이해가 안 된다는 표정을 지으면 나는 그것에 신경을 쓰고 심지어는 수업을 다시하게 된다. 그러니 이미 알아들은 두 사람은 상대적으로 손해를 보는 것이다. 그런 면에서 나는 그리 효율적인 강사가 못되는 것 같다.

  하루는 동료 선생님이 내게 어떤 제안을 했다. 나는 그 제안의 내용을 보지 않고, 그분의 마음과 그 제안의 배경을 보았다. 그분은 나를 위하여 자신이 가장 어려워하는 것을 포기한 것을 느꼈다. 나는 그의 마음과 배려를 느꼈다. 그래서 감사했고, 나는 그의 제안을 받아들였다. 내용을 받은 것이 아니라 그의 마음을 받은 것이다.

  나는 관계에서 에너지를 얻는다. 보람을 느낀다. 수학을 거부하던 아이들이 조금씩 도전해 가며 변해 가는 과정을 보면 기쁘다. 어렵고 힘들어하는 아이들을 보면 무언가 더 제공해 주고 지지해 주고 싶다. 성취와 성과는 편안하고 안전한 환경에서 나온다고 확신을 갖고 있다. 내게 수학은 아이들과 연결되는 도구이다.

선생님들께

19.

예수님께 청구하세요

하나님은 인간을 창조하셨다. 그 이유는 서로 사랑하고, 사랑받게 하기 위함이다. 학원에서 말씀을 읽고, 기도하고, 묵상하고, 아이들을 만난다. 수학을 가르치기도 하고, 복음을 전하기도 한다. 아이들이 자습할 때는 나도 같이 공부한다. 그리고 아이들과 헤어질 때 축복해 준다. 아이들이 변하고, 스스로 공부하는 모습을 보면 무척 기쁘다.

내 기대만큼 발전하는 아이들이 있고, 그렇지 못한 아이들이 있다. 발전하는 아이들을 보면 무척 흐뭇하다. 하지만 기대에 미치지 않는 아이들을 보면 그 아이의 부모님께 미안하기도 하고, 그 아이를 볼 자신이 없어진다. 어떤 때는 그 아이의 더딘 성장이 밉기까지 하다. 그럴수록 나는 더욱 기도한다. 내 부족함, 나의 게으름, 나의 교만에 대해서 기도한다. 아이들이 다시 보인다. 나를 힘들게 하는 아이는 더 기도하라는 하나님의 신호이다.

> 그가 만일 네게 불의를 하였거나 네게 빚진 것이 있으면 그것을 내 앞으로 계산하라(몬 1:18).

빌레몬서는 바울이 빌레몬에게 쓴 친필 편지이다. 빌레몬의 종 오네시모가 도망을 갔는데, 오네시모를 돌려보내며 빌레몬에게 쓴 편지이다. 당시의 종은 주인의 물건으로 취급받았기에 오네시모는 벌을 받지 않으면 안되는 상황이었다.

내 맘을 힘들게 하는 아이들에게 빚을 받으려 하지 말고, (아이들로부터 빚을 받는 방법은 여러 가지이다. 내 말을 듣지 않았기에 맘속으로 미워하기도 하고, 교정이란 이름으로 혼을 내기도 한다. 혹은 내 마음속에서 그 아이 이름에 포기라는 단어를 긋기도 한다) 예수님께 청구하라고 하란다.

> 나 바울이 친필로 쓰노니 내가 갚으려니와 네가 이 외에 네 자신이 내게 빚진 것은 내가 말하지 아니하노라(몬 1:19).

나를 돌아본다. 그런데 나도 너무 부족하다. 너무나 부족한 것 많은 나인데, 그 하나하나를 채우려니 벌써부터 좌절이다. 수업준비도 못했고, 경력도 짧고, 판서도 잘 못하고, 부족하디 부족하다.

그래도 하나님은 나의 부족함을 이야기하지 않으신다. 그리고 하나님이 내게 주신 은혜를 일일이 열거하여 나로 하여금 죄책감을 갖게 하지 않으신다.

> 오 형제여 나로 주 안에서 너로 말미암아 기쁨을 얻게 하고 내 마음이 그리스도 안에서 평안하게 하라(몬 1:20).

기뻐하라고, 평안을 주신다고 하신다. 허물 많은 나를 알고 계신다.

내가 낙심함을 미리 알고 계신다. 그래서 이미 2천 년 전에 이 말씀을 주셨다. 그리고 나로 하여금 읽게 하신다.

난, 하나님의 이 사랑이 좋다. 학원 아이들을 통해 생기는 모든 어려움을 모두 예수님이 지불해 주신다. 그러면서 나를 야단치거나 지적하시지 않으신다. 나의 부족함을 꾸짖지 않으신다. 그저 기뻐하고 평안하라고 하신다.

세상에 이런 좋은 분이 어디 있는가?

그분은 만물의 주인 아닌가?

그분이 돈이 부족하신가?

능력이 부족하신가?

그렇게 돈도 많고, 능력도 많고, 힘도 세신 분이 이런 좋은 마음도 가졌다니!

기뻐하고 감사할 것이다. 염려로 나의 성장을 이루는 것은 아니기 때문이다. 하나님의 타이밍을 믿으며 오늘도 기뻐하는 삶을 살고 싶다.

선생님들께

20.

사랑 없으면

 같은 장면에도 반응하는 것이 사람마다 다르다. 사람마다 가치관이 다르다. 그러기에 지금도 수많은 상담이론들이 생기며, 그 이론들이 진리처럼 떠받들어졌다가 어느 순간에는 사라진다. 마음이 행동을 지배한다는 이론가가 있는가 하면 행동에 따라 마음을 움직인다는 이론가가 있다. 공부를 하려면 마음부터 바꿔야 한다고도 하고 공부하는 장소에 가야지 마음이 바뀐다고 하기도 한다.
 빠르고 결단력이 있는 아이들이 있는 반면에 느리면서 깊은 아이들이 있다. 그런데 느림으로 손해 보는 경우도 있고, 빠름으로 이익을 보는 경우도 있다. 반대로 섣부른 빠름으로 후회하는 경우도 있고, 느린 선택으로 예기치 않은 혜택을 보는 경우도 있다.
 어떤 아이들은 직면시켜 주어야 하고, 어떤 아이들은 돌봄이 필요한 아이들이 있다. 자신을 과소평가하는 아이들이라면 직면을 통해서 확신을 시켜 주기도 하고 혹은 돌봄으로서 자신을 돌아보면서 내면의 힘을 발견하게 하기도 한다. 이렇듯 무엇을 하느냐는 사람마다 다를 수 있을 것이다.

이렇게 다양한 규칙과, 제도와 이론과 행위들이 있을 때 무엇을 기준으로 삼을 것인가?

아이들은 안다. 그들에게 전해지는 언어가 충고인지 잔소리인지, 그들에게 주어지는 의무가 성장을 위함인지 정죄를 위함인지, 네 맘대로 하라는 이야기가 온유함인지 귀찮음인지, 아이들에게 거리를 두는 것이 기다림인지 무관심인지를 말이다. 아이들은 영적이기 때문이다.

이 시간에도 아이들의 교육을 위해서 어떻게 해야 할지 연구하고 있다. 그리고 무엇을 적용해야 할지, 혹은 무엇을 빼야 할지를 고민하고 있을 것이다.

어디 교육뿐만인가?

어떤 사람은 과학과 기술 분야에서, 어떤 사람은 경제와 문화 분야에서 각자 열심히 연구하고 노력하고 있다.

> 내가 내게 있는 모든 것으로 구제하고 또 내 몸을 불사르게 내줄지라도 사랑이 없으면 내게 아무 유익이 없느니라(고전 13:3).

아무리 좋은 시스템과 시설, 최고를 자랑하는 기술과 이론을 바탕으로 하더라도 "사랑이 없으면" 아무것도 아니다.

선생님들께

21.

자라게 하시는 이는 하나님뿐

요즘 아이들이 가지고 오는 수학문제를 보면 정말로 어렵다. 어떤 때는 나도 못 푸는 문제들이 있다. 어느 날 아이가 질문한 수학문제를 나도 풀지 못했다. 그런데 문득 이 상황을 같이 나누는 게 좋겠다고 생각했다.

"너희들이 보다시피 선생님이 문제를 풀다가 막혔어.

너희들도 그런 때 있지?

나도 그런 때가 있어. 그러자 내 마음에서는 수치심과 창피함이 들더라. 수치심과 창피함이 드니까 어서 이 자리를 모면해야겠다는 생각이 자동적으로 들더라고. 그리고는 이렇게 만든 책임감이 들더라. 그렇게 수치심과 죄책감으로 가득 차니까 내가 수학을 푸는 능력이 점점 줄어드는 거야. 그래서 문제가 더 안풀리더라. 너희들이 지금 그 상황을 보고 있는 거야.

너희들은 문제를 못 풀면 무슨 생각이 드니?"

우리의 아이들은 수학을 통해서 과연 무엇을 배울 수 있을까?

무엇을 얻을 수 있을까?

내가 아무리 열심히 한다 한들 따라오지 못하는 아이들도 있고, 그냥 가만히 있어도 자기 스스로 알아서 하는 아이들도 있다.

그렇다면 가르치는 사람의 자리가 무슨 필요가 있을까?

> 그런즉 심는 이나 물 주는 이는 아무것도 아니로되 오직 자라게 하시는 이는 하나님뿐이니라(고전 3:7).

우리가 열심히 심어도, 많이 심어도, 조금 심어도, 우리가 물을 열심히 주어도, 물을 가끔 주어도 결국 자라게 하시는 이는 하나님뿐이다.

> 심는 이와 물 주는 이는 한가지이나 각각 자기가 일한 대로 자기의 상을 받으리라(고전 3:8).

상담 수업 중 열심히 상담이론을 가르치던 교수님께서 "나도 내 가족은 상담이 안돼요"하며 웃으셨다. 모든 것을 다 아실 것 같은 교수님의 그 한마디는 우리의 마음을 열어 놓았다. 그 말씀 한마디가 우리의 긴장을 풀어 놓았다. 그렇게 풀려진 이야기 속에서 찾아본 의문들과 궁금한 점들은 우리로 하여금 책을 다시 찾게 했다. 결국 우리는 그 학기를 감사하게 마칠 수가 있었다.

우리는 심기만 하면 된다.

우리는 물만 주기만 하면 된다.

그 각각 일한대로 상을 받으면 된다.

결국 아이들을 자라게 하시는 이는 하나님이시다.

선생님들께

22.

도끼에 찍힌 향나무

하루는 아이의 아버님으로부터 전화를 받았다. (평소에는 어머님이 문자로 연락을 주셨는데 약간 긴장했다). 그 아이는 무척 얌전하고 자기 표현을 하지 않는 아이였다. 개근을 할 정도로 항상 앞에 앉아 있었던 아이였다. 그 아이는 사칙연산에서 가끔 틀렸다. 일차방정식 푸는 것이 정확하지 않았었다. 그 아버님은 전화로 이야기하셨다. 내용의 요지는 '아이가 학원을 가기 싫어하는데, 아이 말로는 학원 선생님이 주신 문제들이 시험문제에 하나도 안 나오고, 선생님은 교과서 밖에서만 알려준다'는 것이다.

그 아이는 수학시험에서 기대를 했었지만, 기대만큼 성적이 나오지 않았다. 심지어는 다른 과목은 올랐는데, 유독 수학성적만 나오지 않았으니, 아이의 실망감이 크고 그 원인은 학원밖에는 없었을 것이다.

아이들 중에서 수학성적이 떨어진 이유를 학원 탓으로 원인을 돌리는 아이가 있다.

'학원이 마음에 안 들어.'

'학원 쌤이 별루야' 등.

특히 시험이 끝나고 점수가 기대만큼 나오지 않으면 아이들이 학원을 옮기는데, 많은 이유 중 하나가 학원이 잘못 가르쳐서 그렇다는 것이다. 첫 번째는 그 아이가 수학을 잘 하고 싶은 욕구가 있다는 것이고, 두 번째는 그 욕구가 좌절됐다는 것이다.

가르치는 입장과 배우는 입장에서 성적하락과 같은 문제에 대해서는 서로 고려해야 할 점이 있다. 누구나 힘든 일은 피하고 싶어한다. 그리고 그 원인을 찾게 되는데, 그 원인을 자신의 탓으로만 돌린다면 '자책'이 되고, 남의 탓으로만 돌리면 '회피'가 된다. 그러나 그 두 가지의 감정을 수용 받지 못하면 '분노'로 커지게 되고 그것이 결국은 '우울' 혹은 '공격' 등이 되어 버리고 만다. 결국 두 가지 모두 문제의 본질을 비껴가는 감정으로 돌변하게 된다.

> 나에게 이르시기를 내 은혜가 네게 족하도다. 이는 내 능력이 약한 데서 온전하여짐이라 하신지라. 그러므로 도리어 크게 기뻐함으로 나의 여러 약한 것들에 대하여 자랑하리니 이는 그리스도의 능력이 내게 머물게 하려 함이라(고후 12:9).

아이의 모든 이야기를 수용해 주고 지지해 주었다.
'알려 준 문제가 시험에 하나도 안 나왔다.'
'선생님은 교과서 밖에서만 알려 준다.'
아이들이 그렇다면 그런 것이다. 내가 그것을 받아 주고 이해해 주지 않으면 그 아이는 거짓말쟁이가 된다. 핑계를 찾는 나쁜 아이로 몰린다.

아이는 지금 힘들다. 속상하다. 비싼 돈 주고 학원을 다녔는데(아이들이 싫어하는 말 중에서 "너한테 들어간 학원비가 얼만지 아니?"가 있다. 아이들은 효도라는 이름으로 보답을 하려 하지만 생각만큼 쉽지는 않다) 성적이 안 나온다면 얼마나 좌절감이 들겠는가?

그리고 학원마저 (여러 논리를 통하여) 아이 탓 혹은 학부모 탓이라고 한다면 그 아이는 누구에게 하소연을 할 것인가?

아이가 그렇게 느꼈다면 맞는거다.

감정은 신호이다. 사랑해 달라고, 그리고 위로해 달라는 신호이다. "힘들지?"라고 공감받고 싶고, "괜찮다"라고 위로받고 싶고, 연결되고 싶다는 신호이다. 위로해 주면 된다. 그냥 같이 머물러 있으면 된다. 이를 통해 '믿음과 신뢰'를 얻을 수 있다.

위기가 주는 기회라고나 할까?

'내가 옳다'라는 나의 논리를 내세우는 이유는 내가 살아야 하기 때문이다. 만약 상대가 옳고, 내가 틀리면 나의 잘못이고, 그 잘못을 내가 짊어져야 한다. 결국은 잘못할까 봐의 '두려움'이 우리의 판단을 지배하게 된다. 하지만 두려움을 이기는 것은 '사랑'이다. 두려움은 어둠이고 사랑은 빛이라 하였다. 그리고 어둠은 빛을 이기지 못한다.

예수님은 십자가를 짊어지셨다. 세상에서 가장 힘세고 의로우신 분이 죄 많고, 더럽고, 약한 자로부터 모든 아픔을 고스란히 감당하셨다. 아이들을 가르치다 보면 그리해야 할 때가 있다. 나도 그러한 사랑을 받았으나, 내 잘난 맛에 살았을지도 모른다

향나무는 자기를 찍은 도끼에도 향을 묻혀 향 냄새를 선물한다.

23.

배우며 가르치며

　내가 예수를 믿으며 가장 좋은 것은 걱정과 고민이 생기면 해결된다는 것이다.
　어떤 일이 걱정이 되면 그 걱정을 해결하기 위하여 내 나름대로 원인을 찾는다. 그리고 그 원인에 따라 결론을 혹은 해법을 찾는다. 하지만 그러한 모든 것은 나의 생각이기에 또 다른 생각이 들곤 한다.
　요즘 나의 고민은 몇몇 아이들에게 있었다. 학원을 하다 보니 원생 중에는 나의 뜻대로 공부를 해 주는 친구들이 있고, 그렇지 않은 아이들이 있다. 내 말로 인해서 바로바로 변하는 아이들이 있고, 그것이 늦어지는 아이들이 있다. 학원에 다닌 지 꽤 되었는데, 마음 먹은 대로 따라오지 않는 아이들을 보면 나의 부족함이 드러날까 봐, 혹은 그 아이가 결국은 실망할까 봐 내 마음이 불안해진다. 그런 생각이 내 마음 한 구석에 있으면, 나도 모르게 그 아이에게 잔소리를 하게 된다. 그리고 그 아이의 행동 하나하나에 예민하게 반응하는 나를 본다.
　오늘 아침 성경을 읽다가 잠언 22장 2절을 발견했다. 내 마음의 고민을 해결해 주는 하나님의 말씀이다.

> 가난한 자와 부한 자가 함께 살거니와 그 모두를 지으신 이는 여호와시니라(잠 22:2).

내 말을 잘 듣고 따르는 아이와 잘 안 듣는 아이를 지으신 분은 여호와이신 것이다. 즉 하나님께서 하나님의 형상(창 1:27)으로 인간을 지으신 것이다.

그리고 "함께 살거니와"라고 하셨다. 부자도 가난한 자도 따로 살게 하지 않으셨다. 함께 살라하셨다. 잘난 사람은 잘난 대로, 못난 사람은 못난 대로 함께 살라 하셨다. 주님의 뜻이 있으실 것이다.

난 아이들 한 명 한 명의 얼굴을 떠올려 본다. 유난히 요즘 나의 마음을 힘들게 하는 아이 얼굴도 떠올려 본다. 그 아이 얼굴 하나하나에 하나님의 형상이 있음을 상상해 본다. 하늘의 천사라고 생각해 본다. 문득 내가 부끄러워진다. 말 잘 듣는 아이를 통해 나의 능력을 보이고 싶었고, 나를 보여 주고 싶었고, 나를 드러내고 싶었다. 말 안 듣는 아이는 나의 능력이 부족함을, 나의 한계를, 내가 아무것도 아님을 깨닫게 해 주었다.

다시 한번 잠언 22장 2절을 본다. '공부를 잘 따라오는 자도, 그렇지 못한 자도 그 모두를 지으신 이는 여호와시니라'라는 말씀으로 내게는 들린다. 나는 그 이유를 알지 못한다. 다만, 하나님은 전지전능하시기에, 우리가 그를 따라야 한다는 것은 알고 있다. 그래도 내 마음 한구석은 여전히 불편하다. 그래서 나는 묻는다.

'하나님, 그러면 나를 힘들게 하는 그 아이는 어떻게 해야 하나요?'
그러면 하나님은 살포시 웃으시면서 말씀하시는 것 같다.
'너는 그런 때 없었느냐?'

에필로그

동행 일기(5)

이 글을 마치는 현재 내게 작은 변화가 생겼다.
수학학원 원장을 그만두고,
교육회사에서 새로운 일터와 커리어를 갖게 된 것이다.

수학학원을 찾아온 아이들.
내가 그들을 가르친 것이 아니었다.
그들이 나를 위로했고, 그들이 나를 일으켰고, 그들이 나를 존재하게 했다.

나는 이제 새로운 도전에 직면했다.
학원에서 아이들에게 가르친 대로 일터에서 살아야 하는 과제가 주어졌다.

하지만 나는 매일 절망한다.
가르친 대로 살기가 얼마나 어려운 것임을 깨닫기 시작한다.
나는 아이들에게 컨닝할 바에야 차라리 정직하게 틀리라고 이야기를 했다.

하지만 정작 나는 출근 시간에 지각을 하고도 지각하지 않은 척 넘어가기도 한다.

나는 아이들에게 망친 수학시험지를 갖고 오라고 했다.

하지만 내 근무태도를 상사에게 설명해야 할 때는 여전히 방어적인 마음을 가지고 있다.

보여 주기 싫다. 숨기고 싶다.

나는 아이들에게 너의 있는 그대로를 보여 주라 했다.

하지만 나의 입사 면접에서는 나를 꾸미는 말을 사용하기도 했고, 없던 말도 지어내기도 했으며, 확실치 않은 일에도 할 수 있다며 호언장담하기도 했다.

아이들에게 더더욱 편안하게 말할 수 있을 것 같다.

나도 너희들과 다르지 않다고.